JN100576

岩倉盆地
狐坂
長坂
平安京外郭
保津峡
嵐山
太秦
琵琶湖
湖西線
大津
二条駅
桂川
清水坂
逢坂
京都駅
桂大橋
山科盆地
旧山陰道
久世橋
吉祥院
鴨川
久世
旧西国道
旧鳥羽作道
伏見
草津
宇治川
淀
宇治
木津川
淀川

地域概念図

桂川に架かる橋梁。上（北）から順に JR 線・新幹線・久世橋・祥久橋
（2020 年 9 月 8 日撮影航空写真）

京の坤境界

桂川が流れる〈平坦な坂〉をめぐる

中西宏次

明石書店

はじめに

日本民俗学の祖・柳田國男は、『山島民譚集（二）』の四四「逆さ杉」に次のように記しています。

「杉は直なる木であるからスギだという説は正しいであろうが、スキという語は同時に土地の境の意味もある。境を単にサカと云ふことは、阪道祖（さかさひ）、阪迎、阪戸等の例多く、阪即ち傾斜道路をサカと云ふもの其始は境の義から轉じたのである。」

阪＝坂（サカ）は、元々傾斜道路だけでなく、「境」＝境界一般を指す語だったというのです。

このように「坂」を広義の「境界」と捉えるならば、京都盆地周辺の坂は、筆者が前著『京都の坂―洛中と洛外の「境界」をめぐる』（二〇一六年一〇月、明石書店刊）で取り上げた清水坂、狐坂、長坂、逢坂のような山麓の坂だけでなく、盆地南部・南西部にもあると見なければなりません。

坂＝境と見れば、それは傾斜した道路―坂道だけではなく、「平坦な坂」もあるはずです。京都盆地は南方が開けていて、桂川・宇治川・木津川の三川が合流して淀川になる淀・山崎のあたりは、昔から京都への出入り口とされてきました。この付近から京都の中心部へ向かう経路は、淀（納所）・草津から北へ伸びて東寺口（平安京の羅城門）に至る「鳥羽作道（とばつくりみち）」という古道と、桂川右岸を北上して久世で渡河し、吉祥院を経て東寺口に向かう西国道が主なものでした。また、丹波方面から京都に向かう山陰道は、亀岡から老ノ坂を越え、樫原（かたぎはら）宿を経由して現桂大橋地先で桂川を渡りました（口絵参照）。

その桂川は、亀岡盆地から保津峡の狭隘を抜け、嵐山付近で京都盆地に出て、以後は東南流して鴨川を合わせた後、南―西南流して大山崎の三川合流点に至ります。ということは、京都中心部から坤（ひつじさる―南西）

～西（とり―西）方面へ向かう際にはどこかで桂川にぶつかるので、その先に行く必要があれば渡河しなければなりません。同方向の盆地外部や周縁から京都中心部に向かう際には、桂川の渡河は必須です。

今は、桂川は自動車道や鉄道（ＪＲ、阪急線）の橋でそれと意識せずとも短時間で渡ってしまいますが、古代～近世には橋は数も少なくかつ不安定だったため、渡し舟や浅瀬の徒渉によって渡るしかない場合もありました。京都から出る時も、京都に入る時も、桂川は意識的に越えなければならない境界線だったのです。

桂川を挟む左右両岸の地は、大河・桂川によって分かたれていることによる異質性もありますが、それよりも「桂川沿い」という同質性の方が強く、桂川とその両岸地域という「ゾーンとしての境界」を形成していると思います。この境界ゾーンを、以下「京の坤境界」と呼ぶことにします。

本書では以上に記したような視点から、まず境界としての桂川の歴史を古代から近現代まで跡づけます（第1章）。その後、桂川の古くからの渡河点である久世橋地先の左右両岸に位置する集落―吉祥院と久世―についても古代から現代に至る歴史を個別・詳細に見ていきます（第二章・吉祥院、第三章・久世）。

それぞれの集落が「境界の集落」としてどのような変遷を辿ったかを見ることにより、第一章と併せて桂川を挟む帯状の地帯―京都の坤境界の歴史と現在が浮び上ってくるのではないでしょうか。また、坤境界の動向は、多かれ少なかれ京都中心部の動向と関連しているので、坤境界の歴史と現在には、京都中心部の歴史と現在が投影されているといえます。その意味で、本書は前著『京都の坂』に引き続き「境界からの京都論」として、記していきたいと思います。

京の坤（ひつじさる）境界——桂川の流れる〈平坦な坂〉をめぐる

目次

第二章　桂川に南面する吉祥院　77

第三章　桂川に北面する久世　127

終　章　「坤の境界」が持つ意味　183

第一章
境界としての桂川

桂川堤防に立つ愛宕灯籠

桂川が隔て、結んだもの

桂川は、京都市左京区広河原と南丹市美山町佐々里との境にある佐々里峠付近を源とし、大山崎の三川（桂川、宇治川、木津川）合流点で淀川となるまで延長一一四キロメートル、流域面積一一〇〇平方キロメートル。京都府では、日本海に注ぐ由良川と双璧をなす大河です。

その呼称（通称）は、上流部は「上桂川」、保津峡部分は「保津川」、中流では「大堰川」などとも呼ばれます。

源流からは広河原、花脊を南流し、花脊南部の大布施という所で大きく西に転回、京都市右京区京北町（旧北桑田郡京北町）を横断するように西へ流れて二つのダム（世木ダム、日吉ダム）を経由し、亀岡の北・園部に出ます。そこからは南東流して亀岡盆地を縦断し、請田神社地先から保津峡の狭隘部に入っていきます。保津峡の入口から出口の嵐山までは直線距離にして七・三キロメートルですが、流路の延長は一一・五キロメートルもあります。つまり山中を深い峡谷を穿ちつつ蛇行して流れているのです。

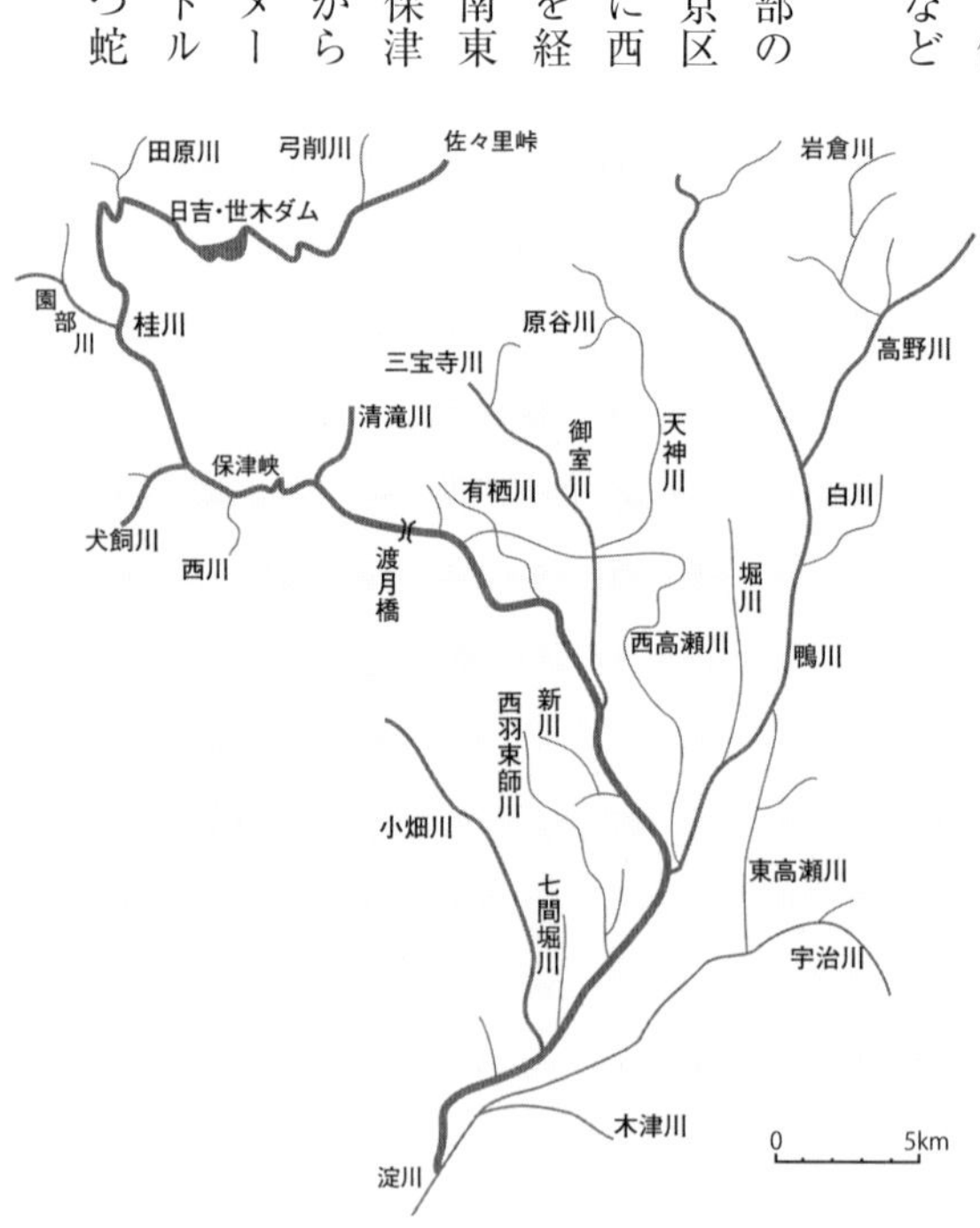

図１－１　桂川の本流と主な支流（太線が本流）

元々平坦地を蛇行して流れていた保津川を横切るように東西に走る丹波層群という地層が徐々に隆起したのですが、その速度よりも谷の下方侵食速度のほうが速かったために、蛇行していた流路がそのまま渓谷として残った（先行谷）のです。

嵐山から下流には桂川が作った沖積平野が拡がっていますが、それが形成される過程で何度も流路を変え、低平な氾濫原の中に微高地（自然堤防）が点在する地形が形成されました。この付近の空中写真を見ると、いくつもの旧河道が確認できます。[1]

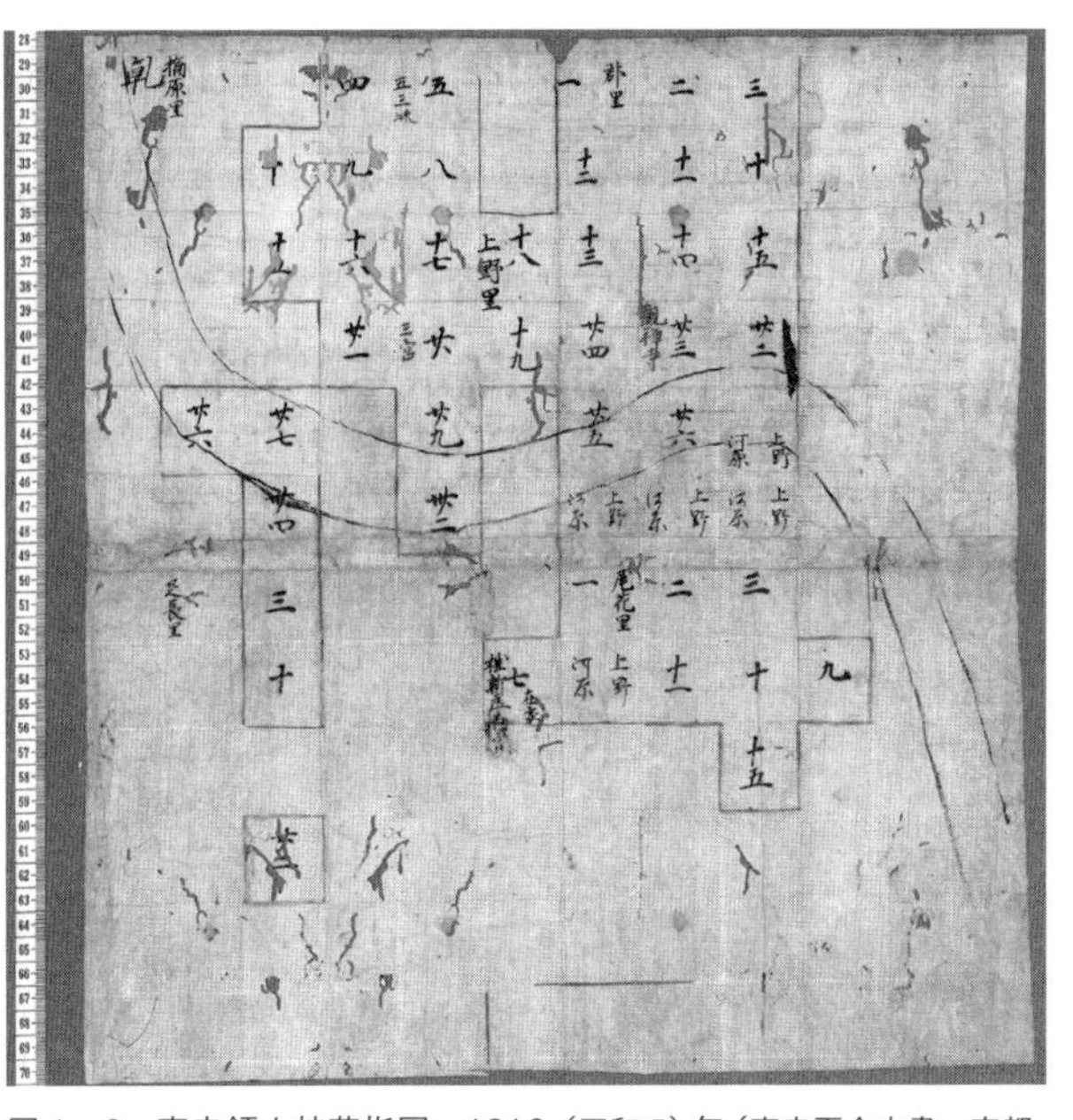

図1－2　東寺領上桂荘指図　1316（正和5）年（東寺百合文書　京都府立歴彩館 web）

流路の変遷は、歴史時代になってからもあったようです。図1-2は、一三一六（正和五）年の東寺領上桂荘指図（東寺百合文書）です。この図には桂川の流路が現在とよく似た形状で書き込まれているので、長い間今と同じ流路だと思われていました。しかし表記されている数字（条里地割の坪）等と詳しく対比すると、ここに描かれている河道は、現在より六～七〇〇メートル南に寄っていることが分かりました。[2] 図の中央上に「十八上野里」と記されていますが、これが当時の上野集落の位置と思われます。ということは、この頃上野の集落は桂川の北にあったということです。

現在は桂川の南側にあるので、上野の住民はある時まで桂川を南に見て暮らしていたのが、流路が変わるほどの大洪水が収まると桂川は村の北側になっていたのです。この大水が何時のことなのかはよく分かっていませんが、金田章裕によると、九世紀末以降少なくとも二回大規模な河道変遷があり、第一回は九九七（長徳三）年～一三一六（正和五）年の間、第二回は一三一六（正和五）年と一四〇五（応永一二）年の間と推定されます。[3] また一四二九（正長二）年の大洪水は特に被害が大きく、この付近の田畑は壊滅的な被害を受け、十数年にわたって年貢を納められない状態が続いたとされています。[4]

このように桂川は何度も災害を惹き起こしてきましたが、川沿いに住んでいる人たちがこの地を去らなかったのは、桂川が災厄だけではなく、豊かな恵みをもたらしてくれたからです。このあと桂川と人々の関わりを時代を追って見ていきたいと思います。

なお、桂川は大河ですから両岸の地域を分かつ境界になってきましたが、同時に両岸を結びつけ、上流と下流をつなぐ媒介でもありました。「境界」というのは元来その両サイドを隔てるだけではなく結びつける役割も果たすものです。

ドイツの哲学者ジンメルは、「事物がつながりを持つためには、まずもって隔てられていなければならない。[5]」と記しています。

これから、京都盆地の坤（ひつじさる―南東）を流れる桂川が、何を隔て、かつ結んできたのか。その「境界」としての意味がどのように変遷してきたのかを見ていきたいと思います。

一、古代

葛野（かどの）の開発

七〇一（大宝元）年大宝律令により国郡里制が施行され、現在の京都府南部にあたる山背国には葛野郡・愛宕（おたぎ）

郡・乙訓郡・紀伊郡・宇治郡・久世郡・綴喜郡・相楽郡の八郡が置かれました。桂川流域について見ると、葛野郡、紀伊郡、乙訓郡の三郡が関係します。このうち紀伊郡と乙訓郡は桂川が境界になっていますが、葛野郡は桂川の両岸に跨っています。なぜ葛野郡は桂川を郡界としなかったのでしょうか。それは、この地が開発された歴史と大いに関わりがあると私は思います。

葛野の開発は、渡来系氏族である秦氏によって主導されました。秦氏の出自や渡来時期については諸説ありますが、加藤謙吉は四世紀末から五世紀初頃、朝鮮半島南部の加羅（伽耶）地域の政治・軍事的混乱から逃れるようにして日本に渡って来た人たちが、六世紀前半に強大化したヤマト王権の支配に組み入れられて「秦氏」という擬制的なウジに再編成されたのではないか、と説いています。[6]「秦（ハタ）」というウジ名は彼らの貢納物であった布（機織り）や絹糸（養蚕）からきている[7]というのです。秦氏は渡来系だけではなく、日本全体でも最大の古代氏族であり、出身地や血族関係に由来を求めるのは無理があると指摘しています。そのうち中心になったのが山背の深草と葛野に入った集団です。『日本書紀』の雄略天皇一五年（五世紀後半）の条に、秦酒公という人物が庸調となる絹などの献上品を朝廷にうず高く積み上げたので「禹臣麻佐（うずまさ）」の姓を賜ったとの記事があります。この「うずまさ」は秦氏の族長をあらわす号になり、今は映画村で有名になった「太秦」（現京都市右京区）という地名として残っています。

葛野大堰

秦氏による葛野の開発事業で特筆すべきことは、桂川（嵐山）に「葛野大堰」を造り、治水・利水事業を行ったことです。「大堰」とは川に石などを積み上げて河水を堰き上げ、人工の水路に引水して流域に水を供給する施設で、これは現在も洛西用水路・一ノ井堰として受け継がれています。

「大堰川」という桂川の別称の由来になったこの大堰がいつできたのかは厳密には分かっていませんが、『政事

写真１－１　現在の一ノ井堰嵐山・渡月橋上流。遠くに見える山は愛宕山

写真１－２　蛇塚古墳石室の石組み

要略』の『令集解』雑令取水灌田条の「古記」（七三八（天平一〇）年頃成立）という史料に、用水の恩恵を受けている人々だけでは修復が困難な大規模な堰堤の例として「葛野川堰」の名が挙げられていることから、この頃には既にあったことが確実です。井上満郎は、五世紀後半には既に造営されていたのではないかと記しています。[8] 葛野大堰からは桂川の左右両岸に水路が引かれ、左岸側では高燥地のため開発が遅れていた嵯峨野一帯に人々の居住が始まったとみられます。嵯峨野には五世紀後半から古墳が造られ始め、他地域では造られなくなった七世紀まで造営が続きますが、これは葛野大堰の設置により嵯峨野一帯が開発され、秦氏がそこを支配する豪族になったことを示しています。嵯峨野に現存する古墳で最大のものは、太秦面影町にある蛇塚古墳です。元は前方後円墳の墳丘がありましたが現在は失われ、大規模な石室が露出しています。墳丘は全長約七五メートルあったとみられ、石室の規模は奈良の石舞台古墳にも匹敵するものです。被葬者は明らかではありませんが、秦氏の族長クラスの人物の墓とみられます。[9]

右岸側にも葛野大堰から水路が引かれ、現在の松尾、山田一帯（京都市西京区）に秦氏の支族[10]が住み始めました。一九八三（昭和五八）年桂中学北分校（現松尾中学）建設に伴う発掘調査で、弥生中期から古墳前期にかけての集落跡が発掘され、松室遺跡と名付けられました。そこからは幅約五メートル深さ約一・五メートルの大溝の

写真１－３　西芳寺川古墳群の円墳

跡が発見され、葛野大堰から引水していた用水路の遺構とみられています。このあたりに住んでいた人々は、すぐ近くを流下する西芳寺川（桂川の支流）を遡った山中を「楞伽窟」（神聖な地）と称し、主立った家の人が亡くなるとそこに墳墓を造りました。これが西芳寺川古墳群で、現在この一帯に四三基の古墳が確認されています。

松尾大社

今まで見てきた秦氏に関する遺跡・遺構は桂川の左右両岸に跨っています。これから秦氏に関わる祭祀・信仰の歴史について見ていきますが、この面でも同じことが明確にいえるのです。

まず、右岸側からですが、葛野秦氏の氏神として祀られたのが松尾大社です。社伝によると、七〇一（大宝元）年に秦忌寸都里が松尾山麓に初めて社殿を造営したとされますが、それ以前から松尾山頂（日埼岑）にある大きな岩を磐座として拝していました。祭神は大山咋命と市杵嶋姫命（中津島姫命ともいう）の二柱です。このうち大山咋命は山頂に降臨する神で、比叡山の守護神である近江・日吉神社の祭神と同じです。『古事記』に「大山咋神、亦の名は山末之大主神、此の神は近淡海国の日枝の山に坐し、亦葛野の松尾に坐して、鳴り鏑を用つ神ぞ」と記されています。「鳴り鏑」というのは、飛ぶときに唸るような音を発する矢のことですが、大和岩男は、これは日の出や日没の際の「直刺す」日光を鳴鏑の矢に例えたもので、要するに太陽信仰であるとしています。それも葛野の地だけの信仰ではなく、京都盆地全体のスケールで周到に信仰空間が設定されていると説いていますが、それについては後に触れたいと思います。

また、「矢」は日光の象徴であるだけでなく、京都盆地北部にいた有力氏族・賀茂氏の祭祀と共通のキーワードになっています。八八一（元慶五）年頃書かれたとされる「秦氏本系帳」（逸文）[11]には次のような伝承が記されています。

秦氏の女子が葛野川で洗濯していたとき、川上から矢が流れてきたのでそれを持って帰って戸の上に差しておいたところ、この女子は夫がないのに男の子を産んだ。一族郎党が集まった席でその子に盃を取らせ、父と思う人に盃を献じよと命じたところ、男の子は戸の上の矢を差した。矢は屋根を破って天に上って行った。この矢は松尾大明神である。

これと酷似した話が賀茂氏の祭祀伝承にもあるのです。

賀茂建角身命（賀茂御祖神社―上賀茂神社の祭神）の娘の玉依姫（同じく賀茂御祖神社の祭神）が石川の瀬見の小川（鴨川）で遊んでいたところ、川上から丹塗矢が流れてきた。それを持ち帰って寝床の近くに置いたところ玉依姫は懐妊し、男の子が生まれた。これが賀茂別雷命である。賀茂別雷命が成人し、その祝宴の席で祖父の賀茂建角身命が「汝の父と思はむ人に此の酒を飲ましめよ」と言ったところ、賀茂別雷命は屋根を突き抜け天に昇っていったので、この子の父が神であることがわかったという[12]。

なお、日吉神社の祭祀を司る禰宜を代々務めた祝部（はふりべ）氏は賀茂氏の出であることから、日吉社と賀茂社は親密な関係があったのです。したがって、矢（鏑矢、丹塗矢）は日吉、賀茂、松尾社を結ぶ媒介項となっていて、これは平安京以前の京都盆地周辺で有力氏族が覇権を争うのではなく、共存をはかるために祭祀説話が共有されたことを物語っています。

写真１－４　松尾大社境内から磐座がある日埼岑を望む

写真１－５　松尾大社の境内を流れる一ノ井川（一ノ井堰から取水）

もう一柱の祭神・市杵嶋姫命ですが、この神は九州福岡の宗像大社の祭神・宗像三女神のうち現在は総社（辺津宮）に祀られている[13]水の神・海洋神です。秦氏がこの神を祀るようになったのは、彼らが海を越えて日本に移住する過程で宗像の女神に航海の安全を祈願したからでしょう。彼らは葛野に定着してからも、先人たちが苦労して海を渡って来る中で祈った神を祀り続けるとともに、移住先での古来からの信仰を尊重し、かつ有力他氏族との共存をはかるため、氏神松尾社の二祭神を勧請したといえるのではないでしょうか。

月読神社

葛野には松尾大社とはやや系統が異なる古社が二つあります。一つは松尾大社のすぐ南の山麓にある月読神社です。この社については、『日本書紀』顕宗天皇三年の条に、阿閉臣事代[14]という者が朝鮮・任那に使者として赴く途中、壹岐で「月神を祀れば福慶があるだろう」との神託を受け報告したので、朝廷は歌荒樔田というところに社地を与え（代々月神を祀ってきた）壹岐県主の壹岐氏に祭祀を担当させた、といった記事があります。そして、歌荒樔田は山背国の葛野郡にあり、と付記されています。その社地は、『文徳実録』八五六（斉衡三）年三

写真１－６　葛野坐月読神社

月三日条に「為水所嚙、故移之」（水の嚙るところとなり、故に之を移す―社地が出水で削られたので移転した）と記されていて、この時現在地（松尾神社南）に移されたと思われます。

旧社地の「歌荒樔田」がどこなのかについては、歌＝宇多、荒樔田＝有栖田とみて桂川左岸の有栖川下流にある斎宮神社または斎明神社がその旧地にあたるという説や、旧地は先にふれた上野（かみの）であるなどの説があります。上野はかつて「神野」と表記した記録があり、地元にも月読神社はかつてこの地にあったとの伝承が伝わっています[15]。また『山背国風土記』逸文に「湯津桂の樹あり。月読尊、乃ちその樹によりて立たましき。その樹のある所、今、桂の里と号く（なづく）[16]」とあり、森浩一はこの桂の大木があったのは上野でそこに壹岐から月読神が勧請されたのではないか、と記しています[17]。またそこから地域名や川の名としての葛野とか桂（葛）川の地名が生まれたのではなかろうか、と推測しています。

月読神社の祭祀は代々壹岐氏が受け継ぎ、移転後は松室（まつむろ）氏と改名しましたが、次第に秦氏の影響力が及んでその傘下に入るようになり、一八七七（明治一〇）年三月松尾大社の第一摂社という位置付けになりました。秦氏は、月読神社を支配下に置くようになりましたが、その独自性は尊重したといえます。

櫟谷（いちたに）宗像神社、大井神社

櫟谷宗像神社は嵐山・渡月橋の少し上流右岸側の高台（岩田山登山口）にあります。登り口は嵐山モンキーパークへの進入路も兼ねています。そこに立っている石柱には「櫟谷宗像両神社」と記されていて、元は二つの

神社だったことが分かります。祭神は櫟谷社が奥津嶋姫命、宗像社が市杵嶋姫命とされていますが、元は逆だったようです(18)。両神とも九州宗像大社の祭神（宗像三女神）であり、水の神なので、秦氏がこの下の保津川に築いた葛野大堰の守護神として祀ったのではないかと推測されます。櫟谷社は在来の地主神で(19)、そこに秦氏が宗像神を合祀したのかもしれません。現在は櫟谷宗像神社として松尾大社の摂社になっていて、松尾大祭に際しては月読神社との二社として一基の神輿が御旅所に渡御します。

境内からはすぐ下に一ノ井堰が見えます。井堰を守護する絶好の位置といえるでしょう。

一ノ井堰の守護神とみられる社がもう一つあります。渡月橋を渡った対岸に鎮座する大井神社です。この社は『三代実録』八七六（貞観一八）年七月二一日条に従五位下という神格を付与されたことが記され、『延喜式神名

写真１－７　櫟谷宗像神社登り口

写真１－８　櫟谷宗像神社境内から桂川一ノ井堰を望む

写真１－９　渡月橋の西にある大井神社

帳』（九二七〈延長五〉年）にも収録されている式内社です。今は嵐山の土産物店などが並んでいる街並みの裏にひっそりと祀られていますが、このお社も一ノ井堰の守り神として秦氏が勧請したのは間違いないでしょう。つまり、井堰の両サイドにその守護神が祀られているのです。

法輪寺と空海

大井神社から渡月橋をもう一度対岸（右岸）へ渡りましょう。嵐山の象徴である渡月橋は、元は「法輪寺橋」と呼ばれ、京都側（左岸）から法輪寺を参拝するために架橋されたといわれています。法輪寺は、京都人からは「虚空蔵（こくぞう）さん」と呼ばれ、「十三詣り」のお寺として有名です。私も数え年十三歳、小学校六年生の時にお詣りしました。渡月橋を渡って参拝した後、帰路にまた渡月橋を渡るときに振り返ると虚空蔵さんからせっかく授かった智恵を全部返してしまうといわれ、緊張して前を向いて歩いたのを憶えています。

法輪寺を創建したのは讃岐秦氏の出である道昌（七九八〜八七五）という僧です。彼は弘法大師空海に師事し、八二九（天長六）年に葛野大井寺（葛井寺）で修行して虚空蔵菩薩を感得し、その像を刻んだと伝えられます。そしてそれを本尊として堂宇を建て、寺名を法輪寺に変えました。このお寺は清少納言が「寺は壺阪、笠置、法輪」（『枕草子』一九四段）と京都近郊の寺では唯一挙げるほど都人に評判になり、参詣人が増えたため道昌は大堰川に橋を架けたと伝えられます。これが渡月橋の前身・法輪寺橋です。

虚空蔵信仰は秦氏と関係が深く、秦の民（秦氏に使役された人々）が多く住んでいた各地の鉱山の地元に虚空蔵尊が祀られていました。また、妙見神も鉱山の近くに祀られている例が多くあり、若尾五雄は、道教的には妙見神、仏教的には虚空蔵尊という関係かもしれないと記しています。(20) この両信仰が時代とともに混交していったともいえるでしょう。虚空蔵信仰も妙見信仰も「星」と深く関わっていて（虚空蔵＝明星、明星天子。妙見＝北辰、北斗七星への信仰）、空海は土佐室戸岬で修行していた時、口の中に明星が入り、虚空蔵求聞持法を体得した

写真１－10　現在の渡月橋（右岸側から見る）

とされます。

道昌が空海から学んだのは仏法だけではありませんでした。彼は承和年間（八三四～八四八）に大堰川の堤防修復事業を行い、葛野大堰から左岸への分水路（広隆寺水路）を整備しました[21]。ということは、彼は土木技術にも通じていたのですが、これも師の空海から学んだといわれています。空海は讃岐満濃池の築池別当として、堤防をアーチ形にするなど独創的な技術を駆使したことで知られています。しかし、その空海も秦氏との関わりの中で土木技術を磨いたといわれていて、道昌も秦氏の一員としてその伝統を受け継いだともいえるでしょう。

なお、先に「秦の民（秦氏に使役された人々）」と記しましたが、加藤謙吉・大和岩男らは、氏族の主だった人たち（秦氏）と、彼らが支配・動員した人たち（秦の民）とは分けて考える必要があると指摘しています[22]。それは、一口に「秦氏」といってもそれは巨大な集団であり、秦河勝など歴史に名を残しているような上層部の人（秦氏）と、彼らに支配・使役された名もない多くの人たち（秦の民）を混同してしまうと、「秦の民」に関わる差別の問題などが見えにくくなってしまうからだと思います。この件については、また後で改めて触れます。

ここで、葛野からは少し離れ、空海と秦氏との関係についてもう少し見ておきましょう。

空海は八二三（弘仁一四）年官寺である東寺を任され、五重塔などの建築に取りかかりました。ところが時の帝・淳和天皇が病気になり、卜者の占いによると東寺の用材にするため伊奈利山の大木を伐った祟りであるとされ、伊奈利神に詫びて従五位下という神位を付与したところ天皇の病気が治ったといいます(23)。これが深草秦氏の氏神だった伊奈利社が「稲荷社」と記されるようになり、農耕神としての信仰を集めるようになったきっかけでした。稲荷社は東寺の守護神(24)になるのですが、その経緯については次のような説話が伝えられています。

> 空海が唐への留学から帰って間もなく、紀州田辺で身の丈八尺（約二メートル六〇センチ）の老人に出会った。老人は空海に会ったことを喜び、自分の教えを受ける気はないかと言うので、空海は「中国の霊山でも神であるあなたにお会いしましたが、今私は日本に密教を広めようとしています。神様には仏法を護ってくださるようお願いします。京の九条に東寺という寺があり、この寺でお待ちしていますので、必ずお越しください」と言った。八二三（弘仁一四）年の四月一三日、空海が紀州で出会った老人が二人の女性と二人の子どもを連れ、稲の束を担いで東寺の南門に来たので、空海は大喜びで出迎え、一行をもてなした。この老人は稲荷大明神という神で、その後東寺の守護神となった。

つまり、伊奈利社は空海とのつながりで稲荷社となり、国家とも結びついてその後急速に神位が上り、八五九（貞観元）年には正四位、九四二（天慶五）年には正一位になっています。

伏見稲荷と秦氏

ところで、「稲荷社」になる前の秦氏の氏神としての伊奈利社ですが、その起源については『延喜式神名帳』頭注に、秦以侶具（以侶巨）という者が「乃用レ餅為レ的者化二白鳥一飛翔居二山峯一生レ子遂為レ社」云々と『山城国風土記』の記事が引用されています。この記述が、近世に伴信友ら国学者によって頭注の「伊奈利」が「伊禰奈利」に変えられ、「山峯生子」を「山峯伊禰奈利生」と記されるようになった。つまり、原文では「（秦以侶具が）餅を的に矢を射たところ、餅は白鳥になって山峯に飛び、そこで子を産んだ」という意だったのが「白鳥が山峯に飛び（そこに）稲が生った」という意に変えられ、それがその後の定説になったというのです。[25][26]

これは江戸時代の国学者は国粋主義であり、日本は元来「瑞穂の国」であるという前提から伊奈利社は当初から「伊禰奈利＝稲荷」社すなわち農耕神であったと言いたいため、このように改変したというのですが、国学者が「学者」であるというなら、このような史料の改竄はあってはならないことと思います。

では、秦氏の氏神であった当初の伊奈利社はどのような神格だったのでしょうか。これについては、伊奈利社を創始したとされる秦以侶具の先祖にあたる秦大津父に関わる『日本書紀』の欽明天皇（在位五三九〜五七一年）即位前紀に見える次のような記事が参考になります。

> 天皇が即位する前に、秦大津父という者を取り立てれば後日天下をうまく治められるだろうという夢をみたので、使いを送って探させたところ、深草の里で秦大津父という者が見つかったので、喜んで彼を呼び出された。そして「今までに何かなかったか」と尋ねたところ、「特に何もありませんが、私が伊勢に商いをしに行って帰る途中、山で二匹の狼が血まみれになって戦っていたので、あなたたちは貴神なので荒っぽいことを好まれるが、もし猟師にあえば簡単に仕留められますよ、と言って血の付いた毛を拭い、山に放したので二匹とも生き延びることができました」と話した。この話を聞いて、大津父を側近くに仕えさせ、帝に即位後彼を大蔵省の重責に任じられた。[27]

この記事は、欽明朝から秦氏が大蔵出納に関わっていたことを示していますが、同時に秦大津父が伊勢に商売

写真１－11　伏見稲荷大社の朱の鳥居

に行っていたという部分が注目されます。彼は何を商っていたのか。これに関して横田健一は、秦大津父は伊勢で水銀を仕入れていたのではないかと指摘しています[28]。伊勢は水銀の原料になる辰砂の産地で、古墳時代には石室などを辰砂の朱で飾る風習が盛んでした。大津父が活躍した六世紀には、アマルガム鍍金法が秦氏によって伝えられていて、それには大量の水銀が使われました。これは水銀に金を吸収させ、銅などの表面に塗って高温で加熱すると、水銀が気化して金の被膜ができるという所謂金メッキ法です。秦氏はこのような当時の先進技術を日本に持ち込んだことにより、ヤマト王権に重用され殖産興業を推進する役割を期待されていたのです。したがって秦氏が祀った神は農耕神ではなく鉱や工を司る神であった。稲荷社の朱の鳥居は、辰砂の朱・鍛冶の火の色と関わっているとの説があります[29]。

なお、空海と秦氏の関係についてあと一つ補足しておきます。空海は唐から帰朝後二年ほど九州に滞在し、その後和泉の槇尾山寺（施福寺）を経て山城の高尾山寺に入りました。この寺は当時和気氏が管理していましたが、元は秦氏が建てた寺といわれ、後に神護寺になりました。

高尾山寺については、洛北の鷹峯（現京都市北区鷹峯）に鎮座していた愛宕権現を愛宕山に移座した際に、他のいくつかの山岳寺院とともに建立されたという伝承があります。高尾も、元は「鷹尾」だったといわれ、鷹は秦氏に関わる伝承によく出てきます。愛宕山は役小角と秦氏の出である泰澄[30]が開山したといわれる山岳信仰の聖地であり、山頂にある愛宕神社は京都の人たちから「火除けの神」として信仰を集めていますが、その開山にはやはり秦氏出身の行者が関与しているのです。

石清水八幡宮と秦氏

話が葛野から離れていますが、ついでというか、京都盆地と秦氏というやや広い視点からもう少し続けたいと思います。

京都盆地の南西・三川合流点近くに鎮座する石清水八幡宮の祭神・八幡神も秦氏との関わりが深い神です。この社の創建は平安遷都以後のことで、行教という僧が八五九（貞観元）年に九州の宇佐宮に参拝したところ、「都の近くに遷座し、国家を鎮護せん」という託宣を受け、山崎あたりまで帰って来たとき、「移座すべき処は石清水男山の峯なり」との神託があったので、そこに仮宮を設けたのが始まりと伝えられます。この新しい宮の社格があっという間に高まり、八六九（貞観一一）年には「石清水の皇大神」と呼ばれて皇室の祖神とされ、九一六（延喜一六）年には賀茂社を抜いて伊勢に次ぐ国家第二の宗廟となりました。このように社格が急上昇した理由はいくつか考えられます。

①奈良時代中期から八幡神は応神天皇（誉田別尊(ほんだわけのみこと)）と考えられるようになった。ほぼ同時期に神功皇后（応神の母・息長姫尊(おきながひめのみこと)）も合祀されることによって、当社が「護国神」とみられるようになったこと。

②聖武天皇が大仏造立を発願した際、「天地神祇を率いて大仏造立を必ず成就させるであろう」との八幡神の託宣のもと、七四九（天平勝宝元）年一一月、神輿が宇佐を出発し、ほぼ一ヶ月かかって平城京に入り新宮（手向山八幡宮）が造営され、東大寺守護神となったこと。

③七六九（神護景雲三）年女帝・称徳天皇に取り入った道教が天皇になろうとしたとき、勅使として宇佐八幡宮に出向いた和気清麻呂に、それを否定する神託を託したこと。

④仏教と結びつき、八幡大菩薩とも号せられるようになったこと。

⑤八幡神の遷座地である男山は、平安新京の「裏鬼門」（坤―南西）にあたり、「鬼門」（艮―北東）にあたる比叡山延暦寺とともに「王城鎮護」の役割を付与されたこと。

このうち②大仏造立に関してですが、巨大な金銅仏を造るためには多量の銅と鋳造・鍍金技術が必要です。それを担ったのが秦氏でした。宇佐八幡宮の元宮は香春岳の近くにあったと伝えられ、そこには今も「採銅所」という地名が残っています（現福岡県田川郡香春町）。このあたりには秦氏・秦の民がいて、香春岳三ノ峯付近から出る銅を使って銅鏡が造られ、宇佐宮の祭祀に用いられてきたのです。それらの資源・技術は、大和で国家的事業として取り組まれた大仏造立に不可欠でした。大和への八幡神神輿渡御（七四九（天平勝宝元）年）は、その象徴だったのです。秦氏が持っていたアマルガム鍍金法については前に記しましたが、大仏造立に際してもこの技術が使われました。宇佐八幡宮の社家（宇佐氏・大神氏・辛島氏）は、秦氏の技術・経済力を背景に中央政界に活発に働きかけ、八幡神・八幡宮の存在感を高めていったのです。

上賀茂・下鴨神社と秦氏

続いて京都盆地全体の視点から、賀茂氏が祀った上賀茂・下鴨神社（賀茂別雷神社、賀茂御祖神社）と秦氏の関係についてもう一度見ておきたいと思います。

上賀茂・下鴨神社は、秦氏とほぼ同時期に京都盆地に入ったのではないかとされる賀茂氏が祀った神です。賀茂氏は渡来人系とはされていませんが、秦氏と同じように九州方面から近畿に入り、奈良盆地を経由して北上し、桂川と鴨川の合流点あたりに来た時「賀茂川を見迎かして、言りたまひしく、『狭小くあれども、石川の清川なり』とのりたまひき。仍りて、名づけて石川の瀬見の小川と曰ふ。彼の川より上りまして、久我の国の北の山基に定まりましき。その時より、名づけて賀茂と曰ふ。」（『山城国風土記』逸文）つまり、「川幅は狭いが石が多く水がきれいな川」だと言って賀茂川を選んだと伝えられています。ただし、葛野川（桂川）流域は既に秦氏が入っているので、競合を避けるという理由があったかもしれません。(31)

秦氏も、京都盆地北部に勢力を固めた賀茂氏と覇権を争うのではなく、姻戚関係を結ぶなど共存共栄路線をとり、信仰面でも両賀茂神社と松尾大社は神紋が同じ（葵）で、祭祀伝承も酷似していることは前に見ました。「秦氏本系帳」にはまた次のようにも記されています。

是れを以て秦氏、三所大明神を奉祭す。而して鴨の氏人は秦氏の聟（むこ）なり。秦氏、愛聟のために鴨祭を以て之を譲渡す。故に今鴨氏禰宜として奉祭するは此れ其の縁なり。

「三所大明神」というのは、松尾、上賀茂、下鴨各社のことで、本来秦氏が祭祀を担当していたが、賀茂氏の男子が秦氏の聟となったため、愛聟に両賀茂神社の祭祀を譲ったのだと記しています。これはいわば秦氏の「我田引水」なのですが、「秦氏本系帳」は、九世紀頃に秦氏の優位性を示すために松尾社の古伝を編集・脚色した私的な文書であるという史料の性格によるものと思われます。(32) なお、両賀茂社は平安遷都後王城鎮護の神社として皇室の尊崇を受けるようになり、九世紀からは未婚の皇女が斎王（さいおう）として賀茂神社の神事に奉仕することが慣例化されるなど、秦氏にとってはやや先を越された感があったのかもしれません。そういった点も「秦氏本系帳」が記された背景にあるだろうと思われます。

木嶋坐天照御魂神社

話が少しそれましたが、再び葛野に戻りたいと思います。次に見るのは、桂川左岸に鎮座する木嶋坐天照御魂（このしまにますあまてるみたま）神社です。この社は、桂川左岸側の太秦広隆寺から東へ約六〇〇メートルの所にあります。京都では昔から「蚕の社」と呼ばれていて、神社最寄りの京福電鉄嵐山線の駅名も「蚕の社」です。これは同じ境内に養蚕（こかい）神社

写真１－12　木嶋坐天照御魂神社の三柱鳥居

があるためで、養蚕技術を持ち込んだ秦氏に関わりがある社と思われますが、史料的に立証されている訳ではありません。この社の史料初出は、『続日本紀』七〇一（大宝元）年の記事に「勅。山背国葛野郡月読神。樺井神。木島神。波都賀志神等神稲。自今以後。給二中臣氏一。」とあり、木島（嶋）神ほかの神稲を以後中臣氏に給する[33]と記されているので、この時点では既に「木島神」があったことが分かります。

現在の祭神は天之御中主神ほか四柱ですが、社名になっている天照御魂神というのは伊勢神宮に祀られている天照大御神とは別の太陽神だといわれ、この社が古代からの太陽信仰に関わりがあることは間違いないと思われます。

境内は、現在は周囲の街並みの中にぽっかりと浮かぶ「木の島」のようになっていて、この地が秦氏によって開発される以前の原風景を残しているといえるでしょう。

この神社林は「元糺（ただす）ノ森」と呼ばれます。下賀茂神社近くにある森を「糺ノ森」と称しますが、それに「元」がつくのです。元糺ノ森の一画に、有名な三柱鳥居があります。その中央に石積みがあり、今は涸れていますが以前は付近から湧水が湧いて[34]南側に流れ、そこには水溜りができるような窪みが設えられています。この窪地は「元糺ノ池」と呼ばれていて、そこで夏の土用の丑の日に手足を水に浸すと諸病に効くという伝承があります。

元糺ノ森・池という呼称や、夏の土用に行われる行事など、下賀茂神社の神域にある「糺ノ森」や、御手洗池での「足つけ神事」とつながりがありそうです。松尾大社の項で見た秦氏と賀茂氏の関係が、ここでも見られるといってよいでしょう。

三柱鳥居については次のような大和岩男説[35]があります（図1－3）。三柱鳥居の三つの正面からは、秦氏の氏神の鎮座地である松尾山、稲荷山と先祖の墓地（古墳）がある双ヶ岡[36]を拝することができる。また稲荷山への線の逆延長線は愛宕山、松尾山への線の逆延長線は比叡山四明岳に至る。夏至の日の朝日は四明岳から昇り、松尾の日嵜峯に落ちるし、冬至の日の朝日は稲荷山から昇り愛宕山に落ちる。つまり、冬至の朝日、夏至の夕日が昇り落ちる山の麓に秦氏が祀る松尾社、稲荷社があり、三柱鳥居はそれらを拝すると同時に双ヶ岡に眠る秦氏の祖霊をも拝することができるように設えられている、というのです。

また、四明岳と松尾山を結ぶ線は、賀茂氏が祀る賀茂別雷神社（下賀茂神社）末社の河合神社（境内近くに糺ノ

写真1－13　航空写真に見える木嶋坐天照御魂神社の森（国土地理院航空写真より）

写真1－14　元糺ノ池。現在は水が涸れている

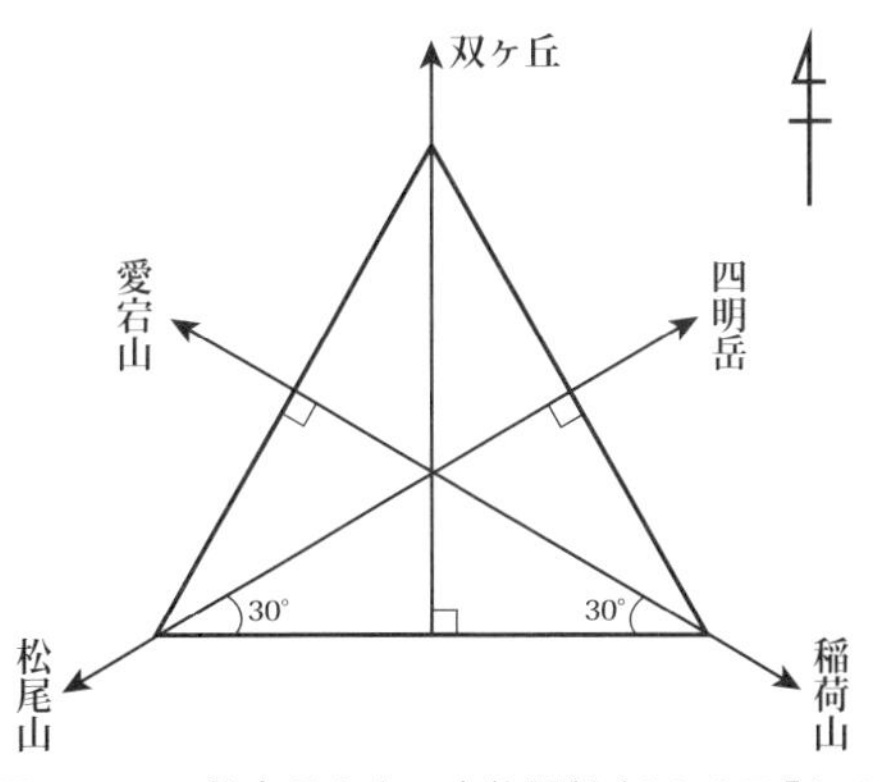

図1－3　三柱鳥居と山の方位関係（大和岩男『秦氏の研究』より）

森がある）の上を通るとも指摘しています。[37]

二、中世～近世

古代に関して紙数を多く費やしたので、中世から近世にかけては、桂川がその流域の地域にとってどのような意味を持っていたのか、その流れを中心に見ていきたいと思います。

古代末までに桂川両岸では水田耕作を中心とするいくつもの農業集落が形成されていましたが、それらの村々は、中世になると貴族や有力寺社を領主とする荘園として再編されていきました。それらの荘園は、小規模なものが密集していたため[38]、桂川から取水する灌漑の水路系統が複雑化した結果、中世後期には用水をめぐる争論（水論）が多発しました。これについては、戦後間もなく宝月圭吾によって詳細な研究[39]が行われ、現在もなおこの研究は高く評価されています[40]。

宝月は、中世後期・桂川流域での水論のうち、史料によってその経過が追える事例を四つ挙げています。それらは、①一四一九（応永二六）年の上久世庄と下方諸庄との争論。②一四五八（長禄二）年から一四八〇（文明一二）年に至る久世上下庄等十一ヶ庄と松尾神社との争論。③一四七八（文明一〇）年から一五〇三（文亀三）年に至る久世上下両庄以下五ヶ庄と山城八條西庄との争論。④一四三九（永享一一）年から一四六四（寛正五）年に至る上久世以下五庄と上野庄との争論の四つです。

用水指図

それぞれ少しずつ性格が異なっていますが、ここでは①と③の事例について見ておきたいと思います。まず①ですが、図1－4はこの水論に際して作られた指図です。指図というのは、訴訟文書の付図として提出されたも

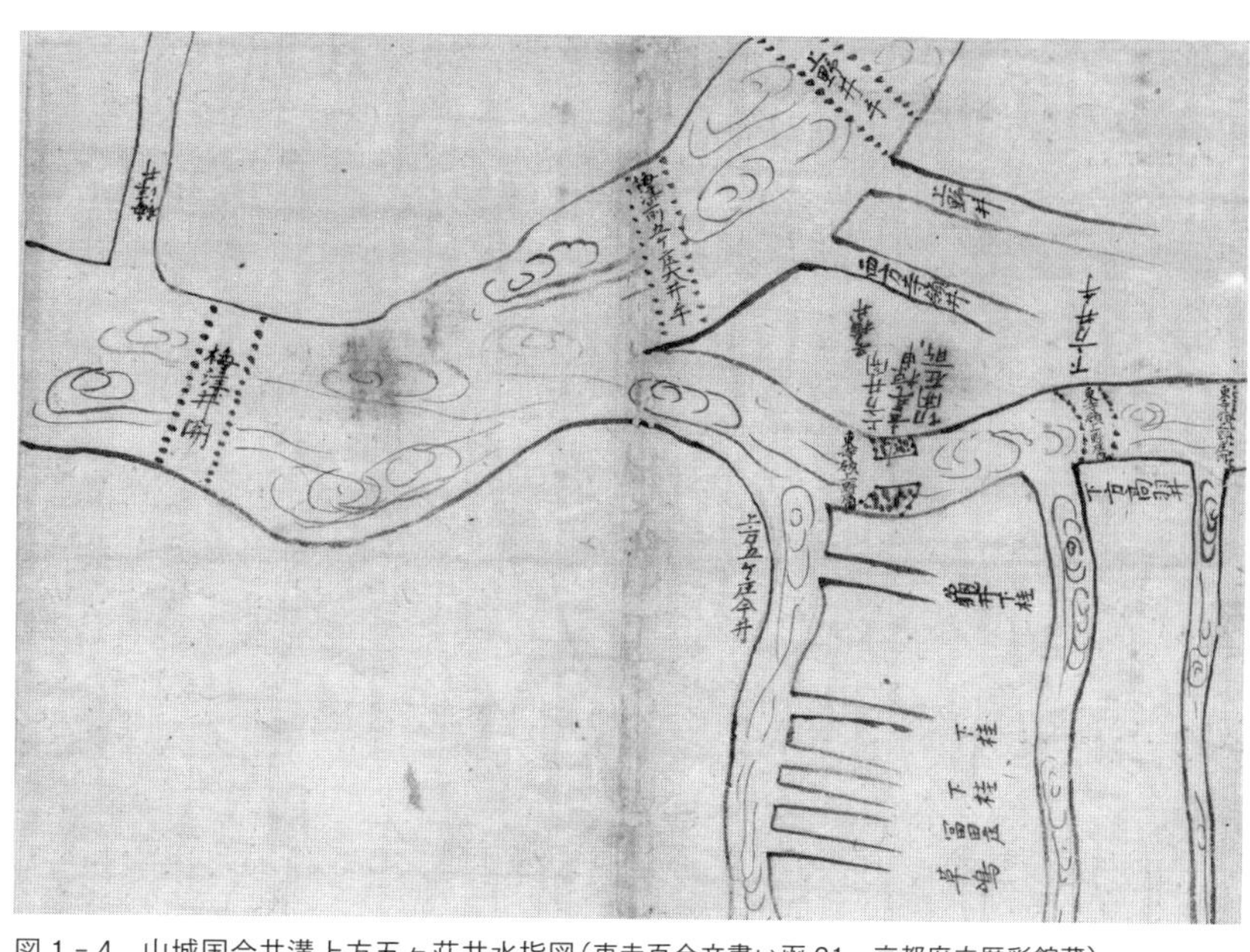

図1-4　山城国今井溝上方五ヶ荘井水指図（東寺百合文書い函21　京都府立歴彩館蔵）

ので、当事者の主張を裏付けることが目的であるため必ずしも公正・客観的なものではありません。

この図（下が南になるよう元図を転回）には、上方に桂川本流が太く描かれ、その中央部を縦断するように両側に点線が付された「梅津前五ヶ荘大井手」という書き込みがあります。この井手（井堰）から右岸側に引水しているのが五ヶ荘井ですが、この水路はすぐに二手に分かれ「上方五ヶ庄今井」と記されている水路と、「上方井堰」「下方井手」「下方高羽井」と記されている分流が描かれています。そして、「上方井堰」には石積みの井堰が描かれているのですが、その中央で切り破られていることが示され、そこに朱書で「号横井」「去年掠申、切開在所」と記されています。これはどういうことかというと、梅津前五ヶ荘大井出から引水されるこの水路系では「上方五ヶ荘今井」の方が優位に立っていて、「上方井手」はこの水路に大半の水が行くように設置された井堰なのです。「下方井手」「下方高羽井」は、石積みの井堰から漏れて流れる水を分けてもらうという立場であり、渇水期になると石積みから漏れる水量が少なくなる結果、干害に悩まされることになります。これに我慢できなくなった農民たちが、幕府の許可を得たとして上方井堰の石積みを破壊し水流を確保しようとしたため、上方五ヶ荘今井から引水している村々（亀井下桂、下桂、冨田庄、革嶋、東寺八幡宮領上久世庄）への流水量が減り、不作になったとして上久世庄が室町幕府宛訴えたのです。

この指図をよく見ると、水路上流側には、本訴訟に直接関係する上方井堰（切り開かれたもの）、下方井手ほか一ヶ所に「東寺領上野庄」との書き込みがあります。また上方五ヶ庄今井の下流にある上久世庄（訴訟提起者）の箇所にも「東寺八幡宮領上久世庄」と記してあります。まず下方井手ほか二ヶ所への「東寺領上野庄」記入は、そこが東寺領荘園内であり、本来領主である東寺に井堰の設置認可や現状変更許可権があるにも拘わらず、下方井手に引水する村々が非法を行ったことを強調する意図があると思われます。

上方五ヶ庄井手最下流に記されている「東寺八幡宮領上久世庄」の庄名については、本庄が室町幕府初代将軍・足利尊氏の寄進による由緒ある荘園であり、訴訟を担当する室町幕府にとっても本庄の蒙る不利益については無視できないはずということを言外に匂わせているのかもしれません。

「御庄」とは？

次に③の、一四七八（文明一〇）年から一五〇三（文亀三）年に至る久世上下両庄以下五ヶ庄と山城八條西庄との争論ですが、これは桂川左右両岸にまたがる水論でした。この時作られたと思われる指図（図1－5）は縦八四・五センチメートル、横五四・五センチメートルという大きなもので、桂川の左右両岸から引水するための多くの水路とその受益者である村々が描かれています。当水論の一方の当事者である八條西庄（石清水八幡宮領）は、桂川左岸・桂宿の少し下流側に「西庄井」を設けて取水していましたが、図1－5によると右岸の下五ヶ荘が「去々年掘新溝」を開削し、その取水点が西庄井のそれよりも上流側に設けられたため、西庄井への流水量が

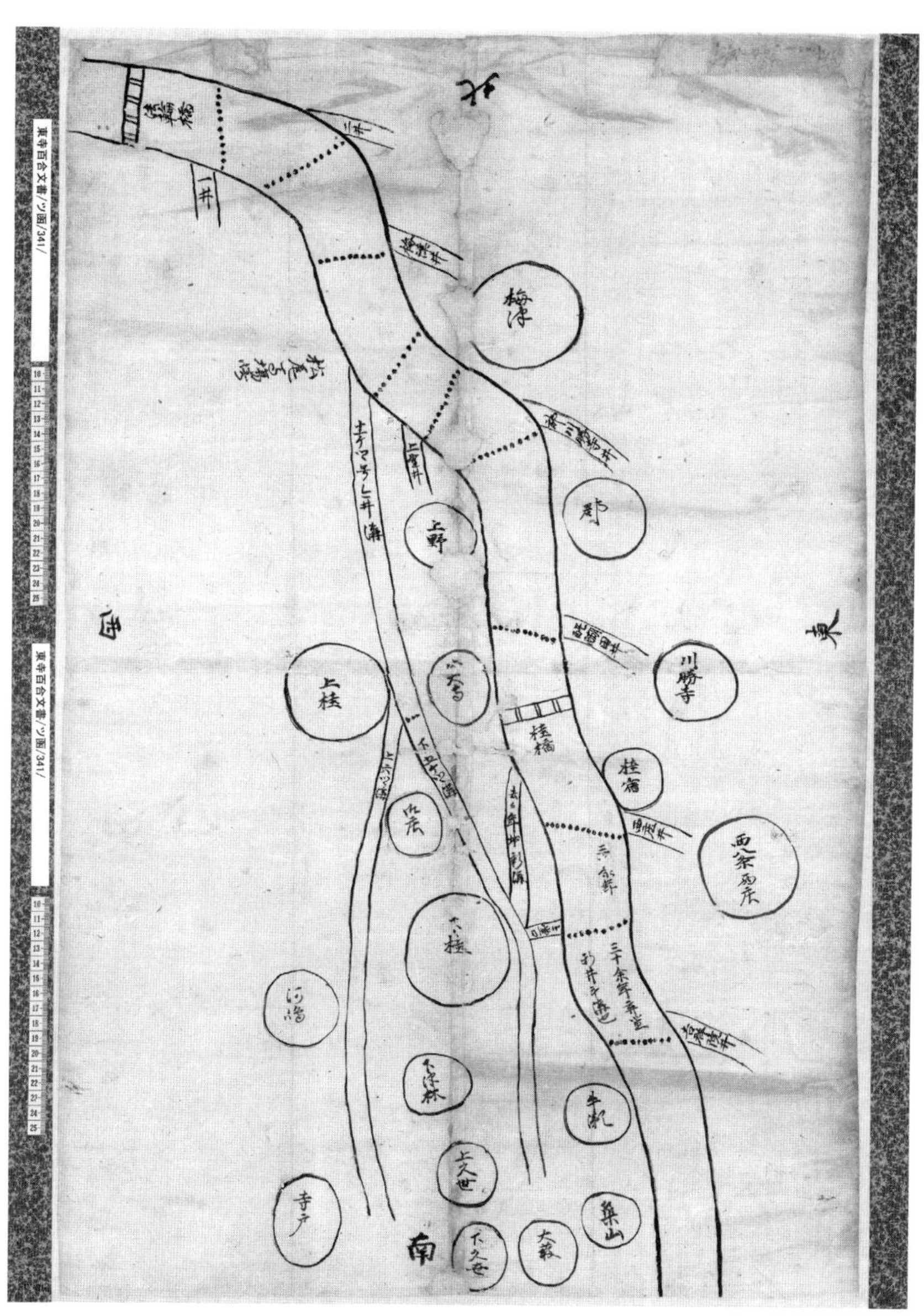

図1－5　山城国桂川用水指図（京都府立歴彩館蔵）
「今井溝」が分岐する地点の下流側に「御庄」の表示が見える。

減少し、田畑が水不足になったというのです。このため室町幕府に提訴したのが一四九四（明応三）年であることが他の史料により明らかなので、本指図が描かれたのはその翌々年、すなわち一四九六（明応五）年ということになります。この時幕府は訴訟指揮として両当事者に指図の提出を求めたらしく、下五箇庄側も指図を出したようですが、その図は現在まで確認されていません。

黒田日出男は、図1-5について、右岸側の用水系が詳細に描かれていて、「松尾馬場埼」を取水口とする「十一ヶ郷号今井溝」およびそれが「上六郷溝」と「下五ヶ郷溝」に分岐している様や、それぞれの水路が行く先の庄名まで詳細に記されていることから、本指図には元図があると推測しました。

その元図について考察するポイントとなるのは、先の分岐点近くに「御庄」と記されていることだと指摘しています。黒田は、指図に記されている「御庄」は、その指図の作成主体（作成者＝絵師にとって発注元）と考えれば、「御庄」は近衛家領「桂殿」（下桂庄）ではないかと推測しました。その理由は、「上桂と下桂の間にあって、しかもその両方に関係（桂は近衛家領である）があり、『下五ヶ郷溝』に利害関係のある荘園としては、当面『桂殿』しか思い浮かばないからである。」と記しています。そして、近衛家は下五ヶ庄のことを快く思っておらず、西庄側に好意的だったので、この元図を西庄に貸出し、西庄は元図をベースとして自分たちの主張を書き加え、提出したのではないかというのです。このように見ると、指図（図1-5）は「複合的性格」を持つ図であると指摘しています[41]。

このように、指図からは中世の荘園領主や荘園現地の支配層（地侍）が、隣接する荘園と用水をめぐる熾烈な争いをしていたことが伝わってきます。

土一揆と起請文

水不足で本当に困ったのは農民たちでした。荘園の支配者層は、干害で不作でも農民からは年貢を上納させようとするからです。そのため農民たちは不作が飢えに結びつきやすく、桂川からの水が田畑を潤してくれるかどうかは死活問題でした。また農民層の力が相対的に強くなった中世後半には、少しでも上納を減らしてくれるよう支配者層や領主に強訴する土一揆が頻発しました[42]。農民たちは「一味同心」を誓って結束・反抗したので、領主は一揆の再発を恐れ、農民たちに一揆に参加しないという誓約書を出すように求めたりもしました。東寺百合文書の中にはこの種の史料が残されていますが、例えば上久世庄の農民が差し出した「起請文」[43]は次のようなものです。

再拝々々、立申起請文事
右、旨趣者、今度つち一きニ同心張本仕候て、らんはうらうせき、更ゝいたさす候、此旨若偽候者、　　奉始
伊勢天照大神、八幡大菩薩、日本国中大小神祇、殊当庄蔵王権現御罰お、各ゝの身に、可蒙罷者也、仍起請文如件
　寛正三年十一月九日[44]
上久世庄
光康（花押）道林（花押）貞盛（花押）以下八十五名の署名、花押省略

上久世庄の農民たちが、「つち一き」（土一揆）に決して加担するものではないとの起請文を領主である東寺宛に出し、もしこの誓約に違反した場合は伊勢神宮を始め日本全国の神々、とりわけ当庄蔵王権現の神罰を各自が

受けると誓約しているのです。蔵王権現とは、今も上久世にある蔵王堂の祭神で、蔵王堂がある蔵王の森に近辺の農民が度々集合し、領主・東寺からの要求にどう対応するか協議したと思われます。この起請文を出すことが決まるまでには、賛否の激論が戦わされたのかもしれません。この頃から、在地農民の自立・自治意識は高まりを見せ、近世には幕府支配のもと、村請け[45]で年貢を負担する村落共同体が形成されました。

なお、近世には都の南西部は、中心部にあった公家や寺社などの領地を没収（秀吉政権は一五九一（天正一九）年洛中地子銭免除）した際の代替地として使われました。その際、屋地子替地[46]の主な支給地になったのは吉祥院村、土居内減分田畠支給地[47]になったのが西院村でした。吉祥院村に替地を与えられたのは、一条家（二一八石）、入江家（八四石）、正親町家（四二石）、花山院家（二三石七斗）、土御門家（一七石七斗）など。この結果吉祥院村は、江戸時代を通じて五〇以上の領主権が錯綜していました。桂川沿いの「坤境界」に、京都中心部の矛盾を調整する役割を振られていた一例といえます。

写真１－15　蔵王堂への参道。一帯は「蔵王の森」（上久世町）

近世にも村々の水利をめぐる対立（「水論」）は続きましたが中世のような苛烈さはなくなり、同じ桂川の水を利用する村々として利害関係を調整したり、用水施設や堤防を共同で管理したりする動きが強まりました。井堰や水路の修復や付替えは多くの場合一ヶ村では行わず、数ヶ村の共同で行われました。例えば一七七四（安永三）年の桂川筋三ノ井堰の付替えにあたっては、下桂村・徳大寺村・宿村の三ヶ村で工事を進め費用も分担しています[48]。

隔てつつ結ぶ

桂川を渡河する交通については、古くから山陰道が桂川を渡る下桂付近に「桂の渡し」、西国道の渡河点に「久世の渡し」が設けられ、これらは近世にも維持されていました。前者は下桂村が、後者は両岸の七ヶ村が共同で運用し[49]、渡し賃は村の収入源になっていました。しかし、近世には上野村や牛ケ瀬村等に土橋[50]が架橋されました。当初は年貢米を京都へ運搬する際、米俵を載せた牛馬を渡船で渡すのが難しいため一時的な仮橋を設けたのですが、次第に本格橋になり一般の通行人も渡るようになったため、舟賃を取って桂の渡しを経営していた下桂村は、営業妨害になるとして、牛ケ瀬・下津林両村を訴えるという揉め事[51]もありました。

また、桂川は上・下流を結ぶ物流路としても早くから利用されていて、平安京造営のための木材は上流の丹波方面から筏で流されました。近世にも筏流しは盛んに行われ、筏を貯留する浜としては、嵯峨・梅津・桂の三ヶ所が主要で、そこには材木商が軒を並べていました。桂川左岸の川勝寺村には材木町があり、そこには丹波保津村あたりの材木商が屋敷を借りて進出するなど活況を呈していました[52]。

写真１－16　草津の桂川畔に建つ魚市場記念碑

また下流の河湊としては、草津と納所（のうそ）が重要でした。草津湊は桂川・鴨川合流点のやや下流で、ここからもう少し南西へ行くと大山崎の三川（木津川・宇治川・桂川）合流点に至ります。明治になって物資輸送が鉄道主体に変わるまで、ここが京都の外港として賑わいました。また京都から旅立つ人も鳥羽街道を下ってきてここから船に乗ったのです。

今は、往時の名残りはほとんどなく、僅かに元魚市場跡を記念する「魚魂碑」が建っているだけです[53]。大阪湾など近海で水揚げされた鮮魚は、淀川を遡上する船で草津まで運ばれ、草津には魚屋が軒を並べていてそ[54]

写真１－17　唐人雁木旧趾碑（納所）

写真１－18　草津付近から桂川下流方面を望む。正面奥の山は天王山

こで取り引きされたのです。旬の魚介類を「走り」といいますが、これは京都に鮮度の良い魚を届けるため、鳥羽街道を「走って」運んだことに由来するといわれます。生命力が強い鱧（はも）は生きたまま京都に届けられ、熟練した板前によって骨切り[55]されたうえで京料理に供されました。

草津からさらに桂川を少し下ったところにある納所（のうそ）もかつては交通の要衝で、江戸時代に来日した朝鮮通信使が淀川の川船から上陸する地点に設けられた「唐人雁木」（「雁木」は上陸用に特設された階段）跡の石碑が建っています。

このように見てくると、桂川は都市・京都にとっては生命線ともいえる交通路・物流路であり、また上流と下流、左右両岸を隔てつつ結びつける役割を果たしてきたことが分かります。

三、「桂男（かつらおとこ）」、「桂女（かつらめ）」をめぐって

「桂」という地名

桂という地名は、古代の郡名である「葛野」に由来するといわれています[56]。吉田金彦によると、その読みは、万葉仮名で「加豆怒」（カヅヌ）と表記されている事例があり、「豆」の字は呉音ヅ、漢音トウだから後に混同されてドと読まれるようになったとされています[57]。「葛」は山野に自生する蔓草のことで、「葛野」の本来の意味は「蔓草が繁茂する野」

であったようです。「葛」の字音は「カツ」なので、後に「桂」（カツラ）と表記されるようになったのでしょう。また、「葛」から「桂」への変化については、「葛野川」と呼ばれていた川が、平安時代頃から「桂川」と呼ばれるようになった結果、京の都からこの川を渡った対岸の地を「桂」と呼ぶようになったのではないかと推測されます。平安遷都後、桂川・桂は歌枕になり、観月や船遊びの地として皇族や貴族の別業（別荘）が営まれました。一一世紀初、藤原道長はここに桂山荘を造営し、山荘は源氏物語「松風」帖に登場する光源氏の「桂殿」のモデルになったともいわれています。(58)

桂男

「桂川」の「桂」は、平安貴族が月に生えている樹（月桂樹）として歌などに詠み込みました。中国には古くから「桂男」の伝承があり、例えば唐末に編纂された『酉陽雑俎（ゆうようざっそ）』には、次のような記述があります。

舊言月中有桂、有蟾蜍、故異書言月桂高五百丈、下有一人常斫之、樹創隨合。人姓呉名剛、西河人、學仙有過、謫令伐樹。

（昔の言い伝えには、月には桂の木があり、ヒキガエルがいると。別の書には、月の桂の木は高さが五百丈（約一五〇〇メートル）あり、下に一人の男がいていつもこれを伐っているが、切り傷はすぐ塞がってしまう。男は姓は呉、名は剛、西河の人で、仙術を学んでいたが過ちがあり、配流されて樹を伐らされている、と。）また、「呉剛の妻が三人の子供をヒキガエル・ウサギ・ヘビの姿に変えて月に赴かせ、父の伐採を手伝わせた」という説話もあり、月にウサギがいる理由が説明されています。こういった中国の説話は早くから日本に伝わり、「月の桂」と「桂川」は結びつけられていったのではないでしょうか。

桂の樹に倚る月神

また、古来葛野には「月神」を祀る動きがありました。前にも少し触れましたが[59]、『日本書紀』によると顕宗天皇三年に阿閉臣事代という者が朝鮮・任那に使者として赴く途中、壹岐で「月神を祀れば福慶があるだろう」との神託を受け報告したので、朝廷は歌荒樔田というところに社地を与え（代々月神を祀ってきた）壹岐県主の壹岐氏に祭祀を担当させた、といった記事があります。そして、歌荒樔田は山背国の葛野郡にあり、と付記されています。ここに記されている神社は、現在松尾大社の南に鎮座する月読神社であり、その祭祀を担当してきた壹岐氏は姓を松室氏と変え、近辺の地名は現在も「松室」になっています。

そして『山背国風土記』逸文に、「月讀尊、天照大神の勅を受けて、豐葦原の中國に降りて、保食の神の許に到りましき。時に、一つの湯津桂の樹あり、月讀尊、乃ち其の樹に倚りて立たしましき。其の樹の有る所、今、桂の里と號く。」とあり、月神（月読尊）が桂の樹に倚り付いたので、その樹があるところを「桂の里」と呼ぶようになったとされています。この説話は、五世紀末頃ヤマト王権と朝鮮半島との交流が活発化した結果、玄界灘や瀬戸内海の制海権を握る海人系の豪族を支配下に取り込む必要上、壹岐氏（のち松室氏）を葛野に移住させて月読神社の祭祀を担当させたという史実が背景になっていると思われます。当時葛野は秦氏を中心に開発が進んでいましたが、秦氏もヤマト王権との関係上壹岐氏など海人系氏族とも協調路線をとったのです。

こういった葛野の開発史が背景となり、平安時代には桂川右岸の地を「桂」と呼ぶことが定着していったのでしょう。

桂女

「桂男」は、「月に生える桂の樹を永遠に伐り続ける男」という伝説上の人物だったのに対し、「桂女」は実在の女性の集団として、中世から近代初まで活動しました。桂女に関しては、多くの歴史家が関心を寄せ、戦前期にも柳田國男・江馬務・名取壌之助らによる研究の蓄積があります。日本民俗学の創始者・柳田は、桂に残る桂女の家を訪ねて史料などを実見し、一九二六（大正一五）年に「桂女由来記」を書きました。これについてはまた後で触れたいと思います。

江馬は、白布で頭を巻くという桂女の風俗は古来朝鮮半島に見られるものであり、早くから桂川流域に定着していた渡来民・秦氏との関連を指摘しました。名取は、慶應義塾の学生の頃から収集した桂女に関する資料を集成して『桂女資料』を刊行し、史・資料に基づく桂女研究の土台を作りました。他に中山太郎や滝川政次郎らの研究[60]もあります。

戦後は、網野善彦が、中世には天皇に食材などを提供する供御人（くごにん）だった桂川鵜飼の女性が桂女と呼ばれるようになり、中世末に天皇の権威が没落するとともに「勝浦女」「勝浦」とも称して戦国大名などの権門に接近し、祝言を述べたり宴席に侍るなどの職能を持つ一種の遊女に変化していったと述べ、桂女像の時代による転換を重視してその後の桂女研究をリードしました。また戦国期に桂女が諸国を自由に遍歴できたのは、中世に彼女らが「無縁」の存在だったことの延長であるとも指摘しました[61]。

桂女像の転換

ここで、桂女が時代によってその像が変化していったことについて、もう少し詳しく見ておきたいと思います。

桂川の鵜飼が史料に登場するのは一一世紀頃からで、関白頼道の高野山参詣に「桂鵜飼廿艘、宇治鵜飼十四艘」が召により供したとの記録[62]があります。鵜飼たちは鵜を操って鮎漁をするだけでなく、漁期以外も鵜に与える餌を求めて広域に河川を移動する権利と実績を持っていたため、水上交通にも寄与していたのです。

一〇六八（治暦四）年七月の「御厨子所符」に「桂御厨鵜飼等不可従使庁役事」（傍線引用者）と記されていて、一一世紀には鵜飼たちが集住する地が「桂御厨」と呼ばれ、天皇に食材などを供する贄人（後の「供御人」）とし

図１－６　「三十二番職人歌合」（1494）（桂女挿絵　サントリー美術館蔵）

写真１－19　時代祭女人行列での桂女（wikipediaより）

て「使庁役」（検非違使庁による課税）を免除されていたことが分かります。

桂川の鵜飼で獲られた鮎は、女性が桶に入れて京の街まで運び、朝廷に献じた他、振り売りのようなことをしていたと思われます。この女性たちが「桂女」と呼ばれるようになったのです。郊外から京都の街に行商に通った女性としては、大原から柴などを売りに来た「大原女」、白川から来て花などを売り歩いた「白川女」と並んで、桂女の姿は時代祭の女人行列で再現されていますが（写真１－19）、頭に白布を巻いているのが特徴です。この白布は、長い髪が行商などの邪魔にならないように包み・結んだのが起源ではないかと思われますが、後に桂女像の変転とともに、次のようなその「謂れ」が語られるようになります。

桂女の祖は「かつら姫」（伊波多姫とも）といい、神功皇后が三韓出征の際付き従い、凱戦後筑前で皇子を無事出産された際にもお世話をした。その際皇后が頭に（「腹に」とも）巻かれていた白布を拝領した。以後子孫の女性が頭に白布を巻くようになった。桂女は霊力を持っていて、戦勝や安産に効能がある。そして戦国期から、各地の大名や権門のもとに桂女が出向き、宴席に侍る「遊女」のような役割をするようになりました。

遠くは安芸の小早川家居城を毛利元就・隆元父子が訪れた際の宴席席表に、上座の毛利父子の傍らに二人の「勝浦」が記されている記録[63]がありますﾞ。また畿内でも、九条家領和泉国日根野荘や、興福寺大乗院門跡などを定期的に訪れ、何日か滞在して金品をもらっています[64]。奈良の大乗院門跡に毎年通っていた「姫夜叉」という桂女が、一四七八（文明一〇）年九月に訪れた際には、母・姫夜叉の死後最初の訪問だったとの記述があり[65]（祖母も「姫夜叉」）、代々同じ名前を名乗る女系相続だったことが分かります。

このように中世末にはある種の霊力を謳う遊女として活動するようになった桂女ですが、それはこの頃までに鵜飼が衰退した結果とみられます。

歴代天皇が度々「殺生禁断令」を出し、逆風が強まるなか、長寿といわれる亀を鵜の餌にする（亀殺し）という噂が広まったり、鵜の首を締め鮎を吐かせるという漁法への批判が高まった結果、桂川の鵜飼も衰退を余儀なくされていったのです。

鵜飼が盛んだった頃、上桂と下桂の鵜飼が漁の縄張りをめぐって争った際（一二四八（宝治二）年）、下桂側が時の摂政・近衛兼経の権威を背景に（下桂は近衛家領）上桂側を威圧しようとした事に怒った上桂の女性たちは、七月二日「上桂女等、院御所に群参」して、退出してくる兼経に向かって「敢て高声、訴訟」に及んだのです。[66]院の御所に押しかけ、摂政に向かって大声で喚く彼女らの姿は、後の桂女の優美な姿とは大きく異なっています。鵜飼という生産現場では逞しい働き手であった桂女は、鵜飼の衰退とともに「女」という属性を前面に出し、しかも鵜飼以来の「移動する女性」という側面を受け継いだ結果、ある種の宗教性を持つ遊女という生き方に転じたのではないでしょうか。また桂女像の変化は、鵜飼の衰退だけではなく「供御人」という社会的地位が、その裏付けとなっていた天皇の権威の失墜とともに低落していったことも背景にあることは、網野善彦が夙に指摘しているところです。

「桂女」が鵜飼とは別の形で史料に見えるのは、一三一六（正和五）年の「山城国上野庄実検目録[67]」に

一、桂女在家七宇内
　一宇下司

一宇職事給
残五宇公事在之

と記されているのが初出[68]といわれています。東寺領上野荘の中に桂女の小集落があり、そこには七軒の桂女宅があったことが分かります。この宅地は検注の対象となり、各一戸の年貢は荘園の下司（荘官）などの取分、残り五戸は公事（領主への年貢）の対象になっていると記されています。そしてこれら七戸は農家ではなく、「桂女」という職人身分だったことがうかがえます。

近世の桂女

桂女の家は、近世には上桂に十軒、下桂に二軒、上鳥羽に一軒、計十三軒ありました。このうち上鳥羽の一軒は、桂から移転したものかどうか、史料的には明らかではありません。上鳥羽桂女は、桂の桂女とは別の動きをするようになりますが、これについては後に記すことにします。

村上紀夫は、桂女研究史を俯瞰した上で、近世の桂女について詳細に論じています[69]。それによると近世の上桂、下桂の桂女は、家によって個別に権門との結びつきが代々受け継がれた他、正月などに公家や京都所司代に桂飴[70]などを献納し挨拶に行っていますが、訪問先を見るとそれぞれの村の領主が主体[71]であり、村を代表して住民の桂女が挨拶に赴くという村落行事になっていたと指摘しています[72]。

上桂・下桂の桂女は、近世にも女系相続の家として存続しましたが、桂女としての活動は正月や節季に限られるようになり、普段は農業をしていました。したがって、中世の職人身分からは変化したといえます。

一方、上鳥羽の桂女は独自の活動を展開しました。上鳥羽の桂女は代々「桂姫」を名乗り、三河時代の徳川家康に「御陣女郎」として戦場に付き従って以来の由緒であるとして、三年に一度程度正月に江戸城に登城しました。登城の際は、神功皇后が三韓征伐の際着用したとの謂れを持つ綿帽子を上覧に供したり、老中・若年寄・御三家などを歴訪し、幕府も滞在中の扶持を支給するなど優遇しました。しかし、一七一五（正徳五）年江戸下向中に当時四七歳の桂女が亡夫の弟に殺されるという事件が起こり、この頃から公儀による直接の経済援助が止まってしまいました。

その結果、上鳥羽の桂女（中澤家）は、「神功皇后所縁の桂女」として、安産や疱瘡除けのお札やお守りを配布し、寄付を集める勧化（かんげ）を積極的に行い、収入源とするようになります。その際、幕府は何度も触れを出し、桂女による勧化を後援しています（御免勧化）。その効果もあり、勧化は個人単位ではなく町や村の会計から一括して「初穂料」を納める形式になっていったようで、このような勧化は畿内だけではなく、東国でも行われました。遠隔地での勧化では、浪人等が「桂姫役所」を名乗って実務を担当するなど(73)、近世後半の上鳥羽桂女（桂姫）は、ある種の民間宗教組織の象徴として位置付けられていました。

ところで、「神功皇后の御利益」を謳ったのは桂女だけではありませんでした。京都周辺の神社では、伏見の御香宮、山崎の石清水八幡宮が神功皇后を祭神としています。また、京都祇園祭の山鉾のうち、出征船鉾、凱旋船鉾、占出山の三つは神功皇后の伝承を題材としており、一八世紀中頃には三山鉾ともに「安産腹帯」を授与するなど神功皇后の安産利益を謳っていました(74)。これらの信仰はいわば棲み分けし共存してきたのですが、近世末になると様相が変わりました。

近代の桂女

一八六八（慶応四）年二月、山城国中に桂女による「神功皇后安産疱瘡之守」の御免勧化を報せる触れ(75)が出されました。これに対し御香宮神主・三木日向守は、既に成立していた新政府（弁事伝達所）に向けて勧化の差止めを願う口上書を出しました。御香宮は神功皇后を祀っており、禁裏御所へ御祓いを献上する際にも神功皇后の神名を以て配札しているので、桂女が神功皇后の神名を使って勧化をするのは差支えがある、という理由です。これに対し、新政府側は、復興した神祇局の意向も踏まえて御香宮の主張を受け入れ、桂女による勧化を差し止める触れを出しました。[76] 御香宮は一八六七（慶応三）年末から一八六八（慶応四）年二月一日まで新政府薩摩軍の駐屯所になっていて、三木神主は戊辰戦争鳥羽伏見の戦いの経緯をつぶさに見る中で幕府から新政府への権力の交代を実感した上で、上記のような行動をとったのです。これは、桂女が神功皇后の利益を語って勧化などで新政府の庇護を受けることになれば、同じく神功皇后を祭神とする自社の立場が危うくなるとの危機感を持ったためと思われます。[77]

新政府側も、神功皇后は「皇祖」であり、朝廷・天皇家を新国家形成の結集軸にしようとする立場からは、桂女のような民間宗教者にその利益を謳わせることは好ましくないと判断したのでしょう。

このようにして上鳥羽桂女の宗教活動は時の権力からの庇護をなくし、以後目だった活動の記録は残されていません。[78] そして明治中期には、御香宮は「安産の守護神」として、神功皇后神護の腹帯や安産のお守りを販売するようになりました。久世（二〇一五）は、このことを「近代国家が公の場から排斥した民間宗教的なるもの―桂女の役割と、神功皇后の安産利益が、神社に吸収され[79]」たと評価しています。

元々上鳥羽桂女は、桂という地名ではなく「桂姫」という女系のイエとして活動してきました。一方、上桂・下桂の桂女は、同じく女系のイエではありますが、それぞれの村に定着し、前に見たように近世には村を代表して領主の公家や京都所司代に年頭・節季の挨拶に出向くなどの役割を果たしました。そして「元桂女」の由緒を持つ家が現存しています。このように見ると、「桂女」といっても上鳥羽の桂女は上桂・下桂の桂女とは性格が異なるのですが、従来は混同して見られる傾向があると思われます。

では、上鳥羽桂女と上桂・下桂桂女を分けて見た上で、「桂女」としての共通点は何か、と考えてみると、それは何かの「呪力・霊力を持つ女性」という点ではないでしょうか。柳田國男は「桂女由来記」の結びに次のように記しています。

山崎の船津の繁昌に誘われて、鵜を飼う技能ある女たちが、いずれかの地方から、川筋に沿うて上って来て、この付近の大きな御社に、贄の魚を奉進し、さらに禁裏の供御人として、特段の庇護を受けたこと、桶に鮎の鮓を入れて都に出た、物売り女の生活には、なをその蔭に、かくれた宗教上の力があったこと、それから、京道が南へ徙り、桂川の流れも変化して、舟との縁がようやく薄くなり、飴を製するの技術をもって、新たなる活路を開いたことなど、まだ考えてみたい点はたくさんあるが、いずれも、今残っている材料だけでは、とても、鮮明に昔の姿を、描き出すことができないのを遺憾とする。（「桂女由来記」初出：『女性』一九二五（大正一四）年五月）

柳田は、「物売り女（桂女―引用者）の生活には、なをその蔭に、かくれた宗教上の力があったこと」と記していますが、この「かくれた宗教上の力」はどこから来るのか、ここでは触れていません。

この「宗教上の力」の源泉に関わって、柳田は二つのことを考えていたのではないでしょうか。まず第一は、女性が生来持っている霊能力というか、「名もない昔の民間の婦人たちが、しばしば備えていたという『さかしさ』と『けだかさ』[80]」そして第二には、この女性の特質（聖性）は、「旅する女性」の場合に、より明瞭に現れるということ。桂女は、アルキ巫女のような漂泊の女性ではありませんが、鵜飼全盛期には鵜を連れて桂川水系を中心に広域を移動していたと思われます。その「広域移動する女性」という特質は、中世末以降の「遊女としての桂女」に受け継がれ、彼女らの「呪力・霊力」の源泉となったのではないでしょうか。

このように考えると、桂女は、やはり桂川とは切っても切れない関係があったというか、桂川があったからこそ産み出された女性の生き方ではないかと思うのです。

四、近現代の桂川

保津川下り

一八七七（明治一〇）年二月六日、京都駅が開業し、東海道線の神戸―京都間が開通しました。これにより、京阪神間の輸送・交通はいっきに鉄道が主体となり、淀川・桂川は主要な輸送路の役割を終えることになりました。ただし、丹波（亀岡）―京都間の保津川については、一八九九（明治三二）年の山陰線開通まで物資輸送路としての役割を保ち続け、また丹波から京都への人の移動手段としても「保津川下り」は頻繁に利用されていたようです。こうした実績があったため、外国の要人が訪日した際、その接待として保津川下りを楽しむ行程が加えられました。例えば一八八一（明治一四）年、英国ビクトリア女王の孫・アルバート・ビクターと弟のジョージ（後のジョージ五世国王）が、亀岡山本浜から乗船し保津川を下っています。また、一八九三（明治二六）年オーストリア皇太子フランツ・フェルディナントが保津川下りをした記録もあります[81]。

そして一八九五（明治二八）年頃から遊船としての川下りが始まりました。保津川下りは、その終着点が京都有数の観光地・嵐山であり、嵐山観光とセットで楽しめるのが人気の要因です。また嵐山までは山陰線嵯峨駅（現JR嵯峨嵐山駅・一八九七（明治三〇）年）、京福電車嵐山駅（一九一〇（明治四三）年）、新京阪鉄道嵐山駅（現阪急電車嵐山駅・一九二八（昭和三）年）が開業して多様なアクセスと回遊コースができ、さらに一九九一（平成三）年には山陰線の旧軌道を利用した嵯峨野観光鉄道（トロッコ列車）が開業するなど、亀岡・保津峡は嵐山・嵯峨野の観光資源とも結びつき[82]、近年は年間三〇万人もの観光客が保津川を下っています。

水害と河道整備

近代以降も桂川を含む淀川水系では度々大規模な洪水・水害が発生しました。中でも激甚だったのは、一八八五（明治一八）年の水害です。この年は六月上旬から雨が多かったのですが、六月一五日頃朝鮮半島付近と瀬戸内海西部から接近した二つの強い低気圧が淀川流域に激しく雨を降らせ、一七日の夜半までに大阪で一八三ミリメートルもの降雨がありました。さらに二五日から二九日まで雨が続き、七月一日には暴風雨になりました。この結果、六月一七日夜枚方の天野川（淀川支流）堤防が決壊するとともに、三矢村（現枚方市三矢町）地先で淀川本流の堤防も決壊しました。この決壊個所は漸次拡大し、溢流した濁流は大阪市内までも達しました。さらに二五日からの大雨で別の箇所が決壊、流出した水は河内平野を水没させ、大和川右岸にまで及ぶ一大湖水が出現しました。大阪市内も上町台地など一部を除いて水浸しになり、多くの橋が通行不能になりました。また宇治川、木津川、桂川でも破堤が続出し、激甚な被害が出たのです。[83] このような大災害の後、地元では淀川水系の治水、抜本的な改修への要望が高まり、国に向けての様々な運動が取り組まれた結果、一八九六（明治二九）年「河川法」の制定につながりました。以後淀川水系の治水・改修事業は国（現在は国土交通省）が主体となり、府県が補助的な事業を担う形で現在に至っています。

河川法制定直後から始まった「淀川改良工事」は、①宇治川の付替え（宇治川に連続堤防を造って淀の南に付替え、巨椋池と分離）②新淀川の開削（淀川最下流部に川幅五〇〇メートル以上の放水路を新設）③毛馬洗堰・閘門の設置（旧淀川―大川と新淀川の分岐点に洗堰を設置して大阪市内方面に流入する水量を調節。船の航行のため水位調節できる閘門を設置）④瀬田川洗堰の設置（琵琶湖から流れ出す瀬田川―下流では宇治川の水量を調節）といった琵琶湖から大阪湾に至るスケールの大きな改修工事を実施し、一九一〇（明治四三）年に一応の完成を見ました。これらの改修工事には、ヨーロッパ伝来の「高水工法」が採用され、両岸に連続堤防を築いて洪水を可能な限り河川敷から外に漏らさずに流下させるという手法がとられました。[84]

しかし、その後も一八九六（明治二九）年、一九一七（大正六）年と大洪水が発生し、甚大な被害[85]が出たため、一九一八（大正七）年から「淀川改修増補工事」が行われました。この時、桂川関連では最下流右岸の大山崎付近で川幅を拡げるとともに、三川合流点地点に背割提を築き、合流点を下流側に移すことによって、木津川の流量が増加しても桂川、宇治川に影響が出ないようにしました。

ところが、一九三五（昭和一〇）年、一九三八（昭和一三）年と、相次いで桂川筋で洪水が起こり、破堤、堤防からの溢流、漏水が多発しました。このため一九三九（昭和一四）年から桂川と淀川本流で「淀川補修工事」が取り組まれました。桂川の計画高水流量[86]を従来の一九五〇立方メートル毎秒から二七八〇立方メートル毎秒に引き上げ、これに伴って淀川本流の計画高水流量も六九五〇（従来は五五六〇）立方メートル毎秒としました。しかし、一九五三（昭和二八）年の台風一三号による豪雨で大災害が発生。京都府・大阪府では桂川・淀川水系を中心に死者・行方不明一四五人、家屋被害は全・半壊・流失を合わせ、約一万一千戸にも及びました。この時の雨量はかつてないような大量のものでしたが、これまでのような後追い的な対応ではなく、流域全体を見通した総合的な治山・治水対策が必要ではないかという立場から、一九五四（昭和二九）年一一月「淀川水系改修基本計画」が策定されました。

この計画の特徴は、従来のように洪水流下のため河床断面を拡げるだけでは限界があるので、上流部にダムを建設して洪水のピーク流量をカットする考え方[87]が採り入れられた点です。そして宇治川では天ケ瀬ダム、木津川では高山ダムの建設が行われました。

一九六四（昭和三九）年、新河川法が制定され、それに基づき翌一九六五（昭和四〇）年に「淀川水系工事実施基本計画」が画定されました（一九七一（昭和四六）年に改訂）。これによると、桂川の計画高水流量を五一〇〇立方メートル毎秒（改訂前二八五〇）に増やし、（淀川本流は一万二〇〇〇立方メートル毎秒）亀岡盆地上流の洪水カットのため日吉ダムが建設されることになりました（一九九七年完工）。さらに河川法は一九九七（平成九）年に大改正され、二〇〇七（平成一九）年に「淀川水系河川整備基本方針」、二〇〇九（平成二一）年に「淀川水系

図1-7　上杉本洛中洛外図屏風に描かれた鴨河原（部分）。左四条大橋、右五条大橋（米沢市上杉博物館蔵）

河川整備計画」が策定されるなどの取り組みがありました。

以上のような経過を経て、淀川・桂川の治水事業が長く継続されてきたのですが、自然の猛威を人智によって完全に押さえこむことは不可能であり、桂川では近くは二〇一三（平成二五）年台風一八号による豪雨出水で、嵐山渡月橋下流中洲の土産物店などに濁流が流れ込み、最下流右岸久我付近では堤防から越流、浸水面積が二〇ヘクタールに及ぶなどの被害が出た[88]ことは記憶に新しく、桂川を治めることの困難さが改めて浮き彫りになりました。

堤外地（河川敷）の利用

以上のように、近代以降は河川改修に高水工法が採り入れられた結果、堤外地（連続堤防の河川側）は基本的に「河川敷」となり、そこは川の水（特に洪水流）を安全に流下させるための空間という位置付けがされるようになりました。

しかし、近世までは河川敷はそれ以外に様々な機能を持つ場でした。例えば（国宝）上杉本洛中洛外図屏風に描かれた鴨河原には、何人かの男が手網のようなものを持って魚の追い込み漁をしているような場面、下帯姿で泳いでいる男たち、河原で相撲をとっている人やそれを取り囲んでいる見物人などの姿が描かれています（図1－7）。また鴨河原といえば、出雲阿国が歌舞伎踊り興行を始めた地であり、興行地としても賑わいました。今も四条大橋東詰に阿国の像が建っています。

さらに、三条から七条にかけての鴨河原は、公開処刑が行われる場所でもありました。「法然上人絵伝」巻三三には、一二〇七（建永二）年二月、法然の弟子安楽房が六条河原で処刑される場面が描かれていますが、その場には正装した検非違使や看督長、小舎人童、随行する武士団などが描かれ、多くの見物人を前にした儀礼的な「ハレの場」だったことが分かります。[89]また一五九五（文禄四）年秀吉への謀反の疑いで自害させられた豊臣秀次の妻子ら三九人が三条河原で公開処刑されるという悲劇もありました。鴨河原が処刑地にされたのは、流血をすぐ洗い流せるという「実利」もありますが、河原自体が元々葬送地であり、また「公界（くがい）」―俗界とは別の聖なる場所（アジール）だったことにもよると思われます。[90]

写真1－20　桂川右岸堤防の提外（右）側に拡がる農地（上野付近）

それと関連して、先の法然上人絵伝には刑を実際に執行する「放免」が描かれていますが、丹生谷哲一は、彼らは「清目」―後の「河原者」であると指摘しています。[91]「放免」とは、釈放された囚人であり検非違使庁のもとで下級刑吏として刑の執行などに携わっていました。六条河原の近くには彼らの集住地があり、そこが近世被差別部落としての六条村発祥の地といわれています。中世の被差別民である河原者は、不課（免税）地である河原を生活の本拠とし、放免のような刑吏や葬送、皮なめし、井戸掘り等で生計をたてていましたが、造園や芸能などに秀でた者もいて、[92]河原は優れた文化を産み出す空間でもありました。

以上に見たような河原空間の多様性は、鴨川のような都市河川に特

写真1－21　河川敷の農地の中を通る道路。看板（左）には「上野橋から西大橋までは農作業車が通ります。ご注意下さい。西京土木事務所」と記されている

有のものともいえますが、桂河原でも女猿楽の興行が行われた記録があり(93)、また京都の葬送地という位置付けをされていた時期もありました。葬送地の件は、第二章で改めて記したいと思います。

桂川河川敷の農地

桂川にかかる上野橋から阪急京都線の鉄橋にかけて、右岸の河川敷には広々とした農地が続いています。水田もあるし様々な蔬菜が栽培されている畑もあります。その中を通っているのが京奈和自転車道です。この自転車道は、和歌山港から奈良県内を通って京都嵐山までの一八〇キロメートルが二〇二一（令和三）年四月に全通したのですが、その最北端にあたる西大橋から嵐山までの桂川右岸河川敷を通る遊歩道は以前からありました。その道が新たに京奈和自転車道ルートに指定されたのです。農地の中に幅五メートルぐらいの舗装された道路が通っていて、一般の車両は通れませんが、農作業用の地元の車は通行してよいことになっています。つまり、そこは河川敷なのに、堤内地と同じような風景が拡がっているのです。こういった景観は、どのような経緯で形成されたのでしょうか。再び時代を遡って、そのルーツを探ってみたいと思います。

流作地の拡がり

この付近の桂川堤外地に農地（流作地）が営まれるのは近世以降のことと思われます。『史料京都の歴史一五　西京区』には、いくつかの関連文書が収録されていますが、ここでは徳大寺村（現桂徳大寺町）、牛ケ瀬村（現桂

牛ケ瀬町）の史料を中心に見ていきたいと思います。

史料1、[94] 徳大寺村が桂川筋の提外の田地の植え付けを願い出る。（「桂宮日記」享保三年五月二六日条）

代官武雅云、下桂村・徳大寺村提外田地根（「植」？―引用者）付之事

百姓共口上書持参。注レ左。

乍恐口上書を以テ御断申上候

桂川筋提外田畑植付之儀、川端之川西・川東淀迄不残相尋申候処、尤提外田畑無レ之村方も御座候。其他提外ニ田畑有之村々ハ何方も植付仕候。右之通相相違無二御座一候。下桂村・徳大寺村両村之提外田地植付仕候様ニ御願申上げ候。以上。

享保三戌年五月

徳大寺村年寄　七兵衛　印

同　徳右衛門印

同村庄屋　市右衛門印

（下桂村年寄二名・庄屋一名連印略）

山岡杢左衛門様

出典の「桂宮日記」は、一五九〇（天正一八）年に八条宮智仁親王が創設した桂宮家の記録で、同宮家は桂付近を中心に三千石の領地を持ち、桂には別業（現桂離宮）がありました。上の史料（一七一八（享保三）年五月二六日付）時点では第七代京極宮家仁（やかひと）親王（一七〇三～一七六七）の代で、

写真1－22　現在の桂徳大寺町堤外地に拡がる農地

領地である徳大寺村・下桂村の年寄、庄屋が連名で桂川堤外地での植付（耕作）を願い出たものです。文中、桂川堤外地の耕作について、桂川筋の両岸の村々（最下流・淀に至るまで）に尋ねたところ、堤外地に田畑がない村もあるが、堤外地の田畑に作付けをしている村もある。そこで、我々の村でも堤外地での植付（耕作）を許可してほしいと願い出ているのです。ということは、この時点で両村ではまだ堤外地耕作は（正式には）行われていなかったということになります。

史料2[95]、桂川河原にある流作地が開発請負人によって開かれる（「津田（太）家文書」宝暦八年四月）

新開場譲り渡証文之事

一、牛ケ瀬村領之内桂川通堤外流作場開発請負人和泉屋清兵衛より先年譲り請、是迄致二所持一来候処、拙者京住之事故、作勝手等も不宜候ニ付、此度其元え譲り渡申候。右二為札物一銀十貫目御渡し被レ成、慥請取申候事。

一、右場所此度譲渡候ニ付、元文元辰年小堀仁衛門（惟貞）様御検地帳壱冊并新開請所絵図壱枚相添申候事。（以下略）

宝暦八年寅四月

京神泉苑通御池下ル町　若狭屋　証人　長次郎　印

同町　元地主　久下屋　清次郎　印

牛ケ瀬村

八郎兵衛殿

この史料は、牛ケ瀬村の桂川堤外地で、開発請負人（和泉屋清兵衛）によって開かれた流作地を、京都在住の人（久下屋清次郎）が所有していたが、京都から通って耕作するのが不便という理由で牛ケ瀬村の津田家（八郎兵衛）に銀十貫目で売り渡した時の証文です。ここで注目されるのは、一七三六（元文元）年時点で既に京都の資本が流作地の開発を行っていて、当初は京都の人がその土地を所有していたということです。こういった動きがいつ頃から始まっていたのかは分かりませんが、牛ケ瀬村は妙法院領であり、領主・妙法院は一七〇七（宝永四）年にその領地であった六条村（鴨川六条河原西）の土地を開発業者に売り渡すため住民を移住させています。[96]流作地の開発請負人・和泉屋清兵衛は、妙法院と何らかのつながりがあったのかもしれません。

史料3[97]　川原新田の反別改めに際し、徳大寺村が無年貢田の設置を願う。（徳田（正）家文書天保六年九月）

一札之事

一、此度、御殿様より川原新田反別改村役人衆中へ被二仰附一候ニ付、役人衆反別ニ相改、逐一ニ書出シ候様被レ申候得共、村中一統ニ申様、反別に書出逐一ニ差出し申被レ下候而ハ、村方領分於二川中ニ一度々流死人有レ之候事もあり、其諸入用出所無二御座一候ニ付、御殿様恐多奉レ存候得共、小村ニ而ハ大義ニ御座候故、少々之無年貢田をこしらへ、其徳米ヲ以難渋ものへ諸入用ニも致度、（以下略）

天保六年未九月

徳大寺村
卯兵衛　印
重兵衛　印
文衛門　印
治左衛門　印

御代官所
堀田主水様
御時代

新庄蔵人様

右御両人也

藤兵衛　印

（以下一八名連印略）

徳大寺村の農民二三名が連署して、領主・桂宮家の代官宛、桂川堤外地での反別改め（年貢賦課のための調査）に際し、すべての流作地を課税対象とするのでなく、一部を無年貢田としてほしいと願い出ているのです。その理由として、当村域の桂川には度々死体が流れつくので、その処理にかかる経費の出所がないことを挙げています。また無年貢田があれば、その徳米を難渋者への支援にも使えると記しています。

この請願が受け入れられたのかどうかは分かりませんが、提外流作地に関する当史料によって、当時の徳大寺村の状況の一端が見えてきます。なお、水死体漂着に関し、次のような史料もあります。

史料4(98)　桂川の川岸、徳大寺村領に女の死体が流れつく（「桂宮日記」正徳三年閏五月三日条）

乍レ恐御断書

一、桂川筋徳大寺村領川端ニ年頃廿四、五歳計之女井関ニ流懸リ相果居候ヲ、所之悲田院下之者今朝見付相知らセ申候ニ付、早速村中立会吟味仕候処、身ニハ白キ帷子着、黒キ細帯を致し、何方之者とも不二相知一果居候ニ付、乍レ恐口書を以て御断奉二申上一候。以上。

正徳三年巳ノ閏五月朔日

庄や　太右衛門　印

年寄　四郎左衛門　印

市右衛門　印

山岡杢左衛門様

このような水死体が見つかる度に、村人によって丁寧に埋葬されたので[99]、村はその経費負担をしなければならず、無年貢田があればその財源になる、という訳です。なお、史料中女の死体を見つけたのは「所之悲田院下之者」と記されていますが、「悲田院下之者」とは京都の岡崎にあった悲田院村配下の非人で、江戸時代の京都近郊各村は、彼らを警備や村の雑役要員として雇っていました。この史料によって、徳大寺村にも悲田院非人がいたことが分かります。彼らは日常業務として村域を巡回していたので、異常の発見が早かったのです。

都市近郊空間としての流作地

桂川提外流作地は、村域ではありますが桂川河川敷であり、「境界性」が高い一画になっていました。桂川沿いの農村は、京都とその外部との「境界」ですが、その地が持つ地域性をさらに凝縮した形で体現していたのが提外流作地（境界の境界）ではなかったかと思います。その「境界の境界」性の内実を、以下の三点に分けて整理してみたいと思います。

（1）都市資本との関係

史料2に見えるように、牛ケ瀬村などでは桂川堤外地を京都の開発請負人が農地化しました。これはそこで農業をする目的ではなく、土地を売って換金するためであり、桂川筋は近世半ばからこういった町人の投機的な事業の対象地になっていたということです。牛ケ瀬村の庄屋を務めた津田八郎兵衛家は、延享年間（一八世紀半ば）には三三石、文化年間（一九世紀初）には五五石の年貢を負担する村一番の大地主であり、江戸時代末期には村の農地の半分程度を所有していました。津田家の土地集積は、商品作物を増産・換金して貯めたお金を土地購入に投下していった結果とみられます[100]。また、津田家は金融業も営んでいましたが、京都の人など「町方」には高利貸でしたが、「在方」（村人）には無利子かごく低利で貸付けていました。こういった在地の有力な指導層が形成されたのも、流作地を中心として商品作物が盛んに栽培され、それを現金化することによって京都市中の商人にも対抗できる資本が蓄積された結果といえるのではないでしょうか。

（2）都市向け作物の栽培

流作地には水田もありましたが、特徴的な作物は、綿、菜種などの商品作物でした。両方ともその実が油の原料（綿実油・菜種油）となり、松尾、上桂、上久世などにあった絞油業者や京都の油屋に売られました。また茶や芋、蔬菜類（菜大根、茄子など）も多く作られました。大消費地・京都を市場とする都市近郊型農業が行われていたといえます。芋は大坂天満市場まで出荷されていた記録もあります[101]。これは桂川・淀川の水運を利用しやすいという地の利もあったと思います。また「地の利」といえば、京都市中から出る屎尿を肥料として入手できる利便性もありました。

なお、流作地の地目としては、「藪」も相当の部分を占めていました。一八一二（文化九）年牛ケ瀬村の記録によれば、「流作畑」が三町三反五畝あったのに対し、「流作藪」は六反三歩と記されています。この「藪」は何のためにあったのでしょうか。同村には「上ヶ竹藪」もあり、そこからは二条城へ竹（六寸廻り）が上納されていますが[102]、それ以外の藪の主な用途は、洪水流を少しでも和らげ、下流側の被害を軽減することではなかったでしょうか。おそらく、藪は提外でも周囲よりもやや高い微高地＝自然堤防が利用されたと思われますが、そこに竹を植えておくと枝葉を密に伸ばすので、仮に洪水流が越流しても泥をかなりの程度カットしてくれるのです。

現在牛ケ瀬の提外には藪はほとんど残っていませんが、少し上流の上野にはまだかなり提外藪がのこっています。写真1－23で分かるように藪は帯状に続いていて、昔の提外流作地の姿を残していると思います。

写真１－23　上野の堤外地に残る「藪」。現在の堤防は向こうに見える屋並みの手前

（3）都市での苦衷の清算

史料四に見える若い女の死体漂着事件ですが、徳大寺村では珍しいことではなく、しばしば水死体が流れ着くので、その処理費用捻出のために流作地に無年貢田を設定してほしいという陳情をしている（史料3）ほどです。ではそれらの死体はどこから流れてきたのでしょうか。徳大寺村から桂川を上流へ辿ると、保津峡の出口の嵐山まで両岸一帯は江戸時代にはまだ都市化しておらず、街中から流れ着いたものではないことは確かです。ただ、水死体の多くは入水自殺した人だったとすれば、京都市中住人で「身投げ」しようとする人はどの水域を選ぶでしょうか。

鴨川は市中を流れていますが、水量・水深ともに入水には不十分です。だとすれば、選ばれるのはやはり桂川ではなかったでしょうか。

菊池寛「身投げ救助業[103]」には、「京都にはよい身投げ場所がなかった。むろん鴨川では死ねない。深いところでも三尺ぐらいしかない。（中略）どうしても水死をしたいものは、お半長右衛門のように桂川まで辿って行くか、逢坂山を越え琵琶湖へ出るか、嵯峨の広沢の池へ行くよりほかに仕方がなかった。」と記されています。桂川は、京都人にとっては最も身近な大河であり、その結果「身投げ場所」にもなったのです。

史料四の水死体は、白い帷子を着ていたようですが、これは「死装束」ではないでしょうか。この人にどういった苦境があったのか分かりませんが、死を決意し、おそらく夜間に桂川のどこかの水辺まで来て入水したのでしょう。このように想定すると、桂川は京都市中で生起した苦衷を、死によって清算する場でもあったといえるのではないでしょうか。流作地に流れ着く水死体は、そのことを象徴していたと思うのです。

なお、史料四の解題でもふれましたが、この時女の死体を発見した「悲田院下之者」の小屋（住居）はおそらく提外流作地内にあったと思われます。他の京都近郊の村々でも、彼らの小屋は村の境界（出入り口など）にありました[104]。

近代の河川管理と桂川堤外地

先に見たように一八九六（明治二九）年の河川法制定以後、淀川水系では改修に高水工法が採用され、桂川でも強固な連続提を造成して洪水流を堤内に溢れさせることなく流下させるという基本方針がとられました。こうした観点から見れば、上野から牛ケ瀬にかけての右岸堤外地の農地は、決して好ましいものではなかったと思われます。堤外地にはなるべく地上物件がなく、洪水流をスムーズに流下させられる状態にしておくことが望ましいからです。

しかし、提外の流作地は近代以降も継続して耕作され、現在に至っています。

写真１－24　現在の桂牛ケ瀬町の堤外地に拡がる農地

作付けが継続された理由としては、まずその面積が広大だったことが挙げられると思います。牛ケ瀬村の場合、一八一二（文化九）年時点で堤内地の畑が一町六反余だったのに対し、提外流作畑は三町三反余ありました[105]。上野村、徳大寺村でも流作地が全耕地に占める割合はかなり大きく、これらをすべて耕作放棄させることは、村々での営農を否定することにつながり、難しかったと思われます。また提外流作地は、商品作物の栽培地として現金収入源になっており、これを失うことは農家の経営基盤を揺るがすことにつながるおそれもありました。

また、近世以来当該村々の領主（高倉家、桂宮家、妙法院）が認めてきた堤外地での耕作を、明治政府が河川管理上の理由で禁止するならば、住民の強い反発を招きかねず、この面からも河川敷の疎通能力を優先して提外流作地をすべて更地にすることは難しかったと思われます。なお、河川法制定後河川管理者の国が提外地での耕作について否定的だったことを文書等で確認したわけではなく、上記の継続理由はあくまでも筆者の推測によるものです。

国土交通省淀川河川事務所所蔵の資料の中に、徳大寺付近の堤外地を描いた大縮尺図があります。制作年代は不詳ですが、明治・大正期のものと思われます。この地図中、堤外地の中に南北に引かれている青色線があります。これは官民の境界線で、この線の東（提外側）は官地、西（堤内側）は民地に区分されています。官地になった部分は一九〇八（大正四）年各所有者から内務省に寄付と記録されています。ただし、官地になった部分でも、耕作は従来通り認められることになりました。しかし、国有地を借地している形になるので「占用」という形になり、占用料が発生することになります。

同事務所占用調整課には、一九五五（昭和三〇）年六月に地元から提出された占用料減免願が保管されています。それによると、該当地籍の地券（土地所有者に交付）写しも残っていて、元は民地であったことに間違いなく、そのため占用料も低額に抑えられていたが、一九五四（昭和二九）年以降所定の占用料を納付するよう指示があったので、従来通りの額に減免してほしいと記されています。

以上のように、桂川堤外地での耕作については、近世から現代に至るまでの様々な歴史があり、現在の堤外地風景は、それらの蓄積の結果といえます。

時代を映す堤外地風景

これまでに見てきたような現地での経緯をへて現在の堤外地の景観があるわけですが、それに加えて、時代の変遷とともに河川や河川敷の位置付け・要請される役割が変わってきていることも、桂川堤外地の現状に影響していると思います。

前にも記しましたが、一九六四（昭和三九）年、新河川法が制定されました。旧河川法は治水中心だったため、利水やダム建設にも対応できるように法整備がされました。さらに一九九七（平成九）年の改正では、治

写真1－25　桂川右岸河川敷を通る京奈和自転車道（西大橋歩道から撮影）

水・利水に加え「河川環境（水質、景観、生態系等）の整備と保全」が法の目的として明記され、河川行政の重要なテーマとして位置付けられました。これは「多様な生物の生息・生育環境としての河川や、うるおいのある水辺空間を大切にするとともに、地域の風土と文化を形成する重要な要素として、その川の個性を活かした川づくりが求められるようになった」[106]と当局者によって補足説明されています。

こういった動きは、桂川では、先に見た「京奈和自転車道」ルートを桂川河川敷に設定するなどの施策にも反映されていると思います。他にも、桂川緑地離宮前公園、桂川緑地公園、堤外児童公園、久世川原公園、久我橋東詰公園（以上京都市）など、堤外地を利用した公園・緑地が地元自治体（京都市）の管理のもとで設営されています。[107]これらの施設は、単に「そこに空地があるから」という理由だけでなく、人々が水辺の環境に触れ、親しむという「親水性」もそのコンセプトとしている施設ではないかと思われます。

このような観点から見れば、上野～牛ケ瀬間の堤外耕作地は、現在の河川管理の理念に照らしても、決してその枠外にある「例外的なもの」ではなく、川と人が共生してきた歴史を物語るとともに、耕作者以外の市民にとっても、川辺に拡がる農地の中を散策したり、自転車で走ったりできる有意義な空間になっているのではないかと思います。

未来に向けて

桂川右岸の河川敷は、京都からいえば桂川の流れを渡ってすぐに帯状に続いている土地であり、そこは文字通り京都とその外部との境界という地域性を集中的に体現してきた場所です。そしてそこでは、「流作地」として京都とつながりが深い農業が長年行われてきました。近世から近現代にかけての世の変転の中で変貌をとげながらも、「河川敷の農耕地」という基本は変わらずに保ち続けています。

近年では、耕作してきた農家の高齢化が進み、作付けや維持管理を他の人に委託するケースが増えているようです。過日、牛ケ瀬の堤外地を歩いた時、農作業をされていたお二人に聞き取りをしましたが、一人は上久世、もう一人は上鳥羽から来ている方でした。こういった近隣地から通い作をしている事例は増えてきているようです。また貸農園もあり、そこには一般の市民が通ってきます。昔は、「流作地」はほぼ地元農家だけのものでしたが、次第に外部にも開かれたものになってきています。今後こういった流れはさらに進むと思いますが、私はそれに加えて、この地が桂川と人々との共生の歴史を伝える場・歴史遺産としても活用されることを望みます。特に西大橋から上野橋にかけて堤外地の中を通る京奈和自転車道の沿道は来訪者が多い区画なので、この部分に桂川堤外地の歴史等についての案内掲示板を設置すれば、そういった目的の一端が達成でき、桂川の個性を活かす川づくりにもつながるのではないでしょうか。

五、京都の坤境界としての桂川

桂川は京都盆地の西部を北西から南東（最下流では南—南西）方向に流下していて、盆地西部の沖積平野を形成しています。左岸側は盆地中心部の鴨川流域につながり、右岸側は沖積平野から西山山麓にかけての段丘・丘陵地に移行していきます。

平安京遷都以後、その中心部・市街地は盆地北~中央の鴨川流域に形成され、以後近世に至るまで市街地の外縁は桂川を越えることはありませんでした。都市化の波が桂川右岸にも及ぶのは近代以降のことであり、その意味では、桂川は長い間京都から見れば坤（南西）・酉（西）の境界であり続けたといえます。ただしこれは桂川を横断する東西方向の軸についていえることであって、桂川に沿う南北方向の軸について見れば、桂川は京都の西北・亀岡以遠の丹波方面からの物流路であり、また南西方面では淀川を経て大阪湾と結びつく主要物流・交通路の役割を果たしてきました。つまり、桂川は東西軸でみれば京都とその外部とを分かつ境界であり、南北軸でみれば丹波と京都、大阪方面と京都を結ぶ交通路であったということで、まさに「隔てつつ結ぶ」という境界の本質を体現してきたといえるでしょう。また、東西軸の「隔てる」についてさらに詳しく見るならば、桂川両岸は隔絶していたわけではなく、両岸の農民は同じ川の恵みを受ける者たちとして、対立しつつも折り合いをつけたり、護岸や渡し・橋の設置、運用等では協調してきた歴史があります。つまり、東西軸の「分かつ」も、「結ぶ」要素を内包してきたといえるのではないでしょうか。

写真１－26　旧山陰道樫原宿の街並み

写真１－27　旧樫原宿本陣の遺構

京都から西へ、桂川を越える古くからの主要陸路は二つありました（口絵参照）。一つ目は、今の八条通とその延長にあたる旧山陰道です。八条通が桂川を渡る橋は現・桂大橋で、その西詰には桂離宮があります。さらに西行して南北の古道である旧物集女（もずめ）街道と交差する樫原交差点の西側には、京都を出て最初の宿場である樫原宿が今もその遺構を残しています。

ここから旧山陰道は、中山・塚原な

ど古い集落を経て、桓武天皇の生母・高野新笠陵前を過ぎたあたりで現国道九号線と合流し、老ノ坂を越えて亀岡方面に続いていきます(108)。

二つ目の道は、旧西国(街)道です。この古道は安土桃山時代頃までは「山崎通」「唐(から)街道」などと呼ばれていましたが、江戸時代に脇往還(109)として整備されました。平安京の南口・東寺口が起点で、現在の九条御前交差点から西南行し、吉祥院を経て久世橋を渡ります。久世橋は現国道一七一号線のルートになっています。その西詰の上久世から、古道は国道と分かれて西南行し、向日神社・長岡天満宮の前を通って山崎方面に向かって行きます。

桂大橋と久世橋の地先は、主要道が桂川を渡る地点なので、まだちゃんとした橋がない頃は渡し場として舟による渡河が行われていました。この渡河地点の両岸は、桂川によって隔てられていますが、同時に渡し(後に橋)によって結びつけられていました。したがって、いま桂大橋・久世橋が架かるその両側の地は、まさに桂川によって「隔てられつつ結ばれる」歴史を歩んできたといえます。

ここからは、旧西国街道に沿って久世橋の東西に位置する吉祥院と久世(ともに現在は京都市南区)の両地域について、それぞれの地域が歩んだ「境界としての歴史」を見ていきたいと思います。

第二章桂川に南面する吉祥院、第三章桂川に北面する久世に入るに先立ち、関連地図を掲出しておきます。地図1は、一八八九(明治二二)年測量二万分ノ一図「伏見」(陸地測量部)、地図2は二〇〇五(平成一七)年測量二・五万分ノ一図「京都西南部」(国土地理院)です。

地図1、地図2のA〜Iの記号は、同じ地点を示しています。本文中に地名が出た際ご参照ください。

Ａ、平安京東寺口跡　Ｂ、現九条御前交差点。Ｃ、吉祥院天満宮。Ｄ、西ノ茶屋日向地蔵。Ｅ、久世橋東詰。Ｆ、同西詰（現ニューリバー公園）。Ｇ、綾戸國中神社。Ｈ、蔵王の森・蔵王堂。Ｉ、久世大日堂跡。

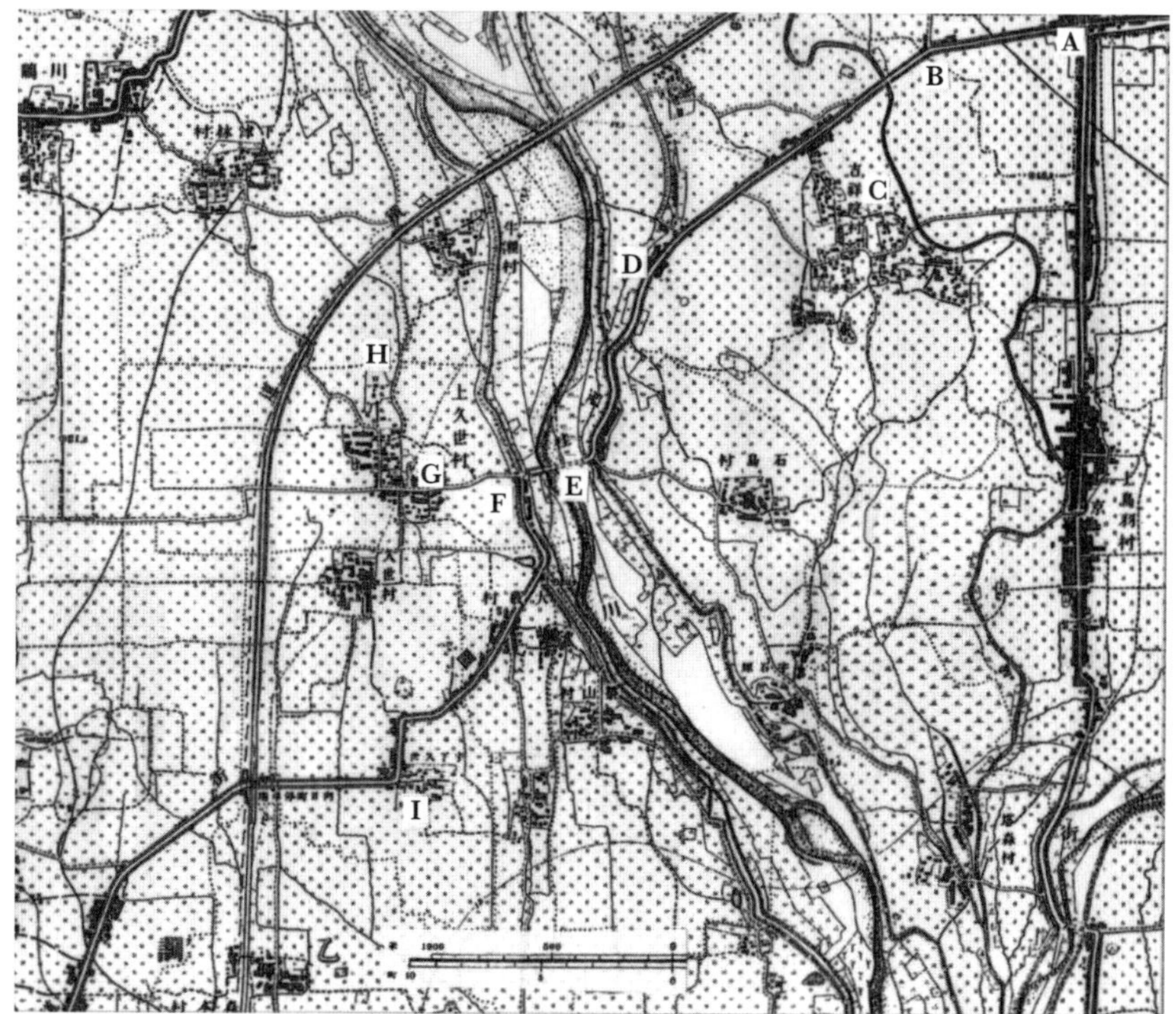

地図１

A、平安京東寺口跡　B、現九条御前交差点。C、吉祥院天満宮。D、西ノ茶屋日向地蔵。E、久世橋東詰。F、同西詰（現ニューリバー公園）。G、綾戸國中神社。H、蔵王の森・蔵王堂。I、久世大日堂跡。

地図２

【注】

（1）金田章裕「桂川の河道変遷と中世村落」図七（『微地形と中世村落』「第三　自然堤防帯の村落」吉川弘文館一九九三所収）。

（2）金田章裕「洛西を貫流する桂川」（京都学研究会『京都を学ぶ（洛西編）』ナカニシヤ出版二〇二〇所収）。

（3）金田一九九三、六〇ページ。

（4）金田一九九三、五七ページ。

（5）ジンメル『橋と扉』ジンメル著作集一二、酒田健一他訳、白水社一九九四。

（6）加藤謙吉『秦氏とその民』白水社一九九八ほか。

（7）「秦ハタ」というウジ名の由来については朝鮮語のパタ（海）に由来する、彼らの出身地が波旦（パタン）という所だから等諸説がある。

（8）井上満郎『秦河勝』吉川弘文館二〇一一。

（9）森浩一は、秦河勝の父の墓ではないかとみている（森浩一『京都の歴史を足元からさぐる　嵯峨・嵐山・花園・松尾の巻』学生社二〇〇九、二一〇ページ）。

（10）「秦氏本系帳」には人名に「川辺腹男」、「田口腹女」などと冠されているが、この「腹」は秦氏の支族名を表しているとみられる。

（11）『本朝月例』（惟宗公方遍）の「四月中酉日賀茂祭事」に引用されている。

（12）『風土記』の記事より要約。

（13）北條勝貴は、市杵嶋姫命は島嶼における祭祀の象徴であり、元は沖ノ島の沖津宮に祀られていて、海上交通の安全を祈る渡来人の信仰を集めたのではないかと指摘している（北條「松尾大社における市杵嶋姫命の祭祀について」『国立歴史民俗学博物館研究報告第七二集一九九七・三』）。

（14）事代（ことしろ）は神の宣託を受ける能力を持つとして、その役割を受け持つ者。

（15）『桂川学区創立20周年記念誌』桂川学区創立20周年記念事業委員会。

（16）古来月には桂の大木があり、その下で兎が臼で仙薬を造り、不老長寿の薬を持つ仙女が舞っているとの伝承（唐代の「月宮鏡鏡背の図柄）があり、月と桂の樹が結びつけられてきた。

（17）森二〇〇九、二七一ページ。

（18）『松尾社譜』や『神社明細帳』には櫟谷社の祭神は市杵嶋姫命、宗像社の祭神は奥津嶋姫命と記されている。

（19）社地のすぐ南側を流下する小谷を地元で「櫟谷」と称していたともいわれる。

(20)若尾五雄「鉱山と信仰」（佐野賢治編『虚空蔵信仰』雄山閣出版二〇〇七所収）。
(21)この頃道昌は広隆寺別当織を務めていた。
(22)加藤一九九九、大和岩男『続秦氏の研究』大和書房二〇一三など。
(23)菅原道真著『類聚国史』天長四年条にこの経緯が記されている。
(24)東寺の守護神は八幡神もあり、境内に鎮守八幡宮が鎮座している。
(25)大和岩男は、「矢」は男性、「餅」は女性を象徴し、矢に感応した女性が懐妊し子を産むというのは秦氏特有の伝承であると指摘している（大和二〇一三、三三五ページ）。
(26)大和二〇一三、三三四～三三五ページ。
(27)伏見稲荷大社ホームページ「伊奈利社創祀前史」より要約。
(28)横田健一「滅亡前における上宮王家の勢力について」（『日本古代神話と氏族伝承』塙書房一九八二所収）。
(29)大和二〇一三、三四四ページ。
(30)泰澄（六八二～七六七）は越前麻生津の秦氏出身で加賀白山の開祖ともいわれる。
(31)中村修也『秦氏とカモ氏』臨川選書一九九四、七〇ページ。
(32)江頭務「松尾大社の祭神　秦氏本系帳の謎」（『イワクラ学会会報』三二号二〇一四・一二）。
(33)中臣氏は代々神祇官を務める家柄。
(34)二〇〇二年に境内北西隅で京都市埋蔵文化財研究所による発掘調査が行われた結果、石で葺かれた泉の跡が検出され、そこからの流れが境内を南流していたことが確認された。こういった泉（湧水）が境内に何ヶ所かあったと推定される。
(35)大和岩男『秦氏の研究』大和書房一九九三。
(36)双ヶ岡には六世紀後半から七世紀前半に築かれた二四基の古墳があり、一の丘の頂上付近にある一号墳は直径四四メートル・高さ八メートルの円墳であり、その石室は右京近辺では蛇塚古墳に次ぐ大きさである。秦氏の首長級の人物の墳墓とみられる。
(37)大和岩男「賀茂別雷神社賀茂御祖神社」（谷川健一編『日本の神々　神社と聖地　五山城近江』白水社一九八六）。
(38)旧乙訓郡にあった荘園の多くは百町歩以下のものが大半で、しかも数多くの領主によって分割支配されていた（京都市編『史料京都の歴史一三南区』平凡社一九九二、二八ページ）。
(39)宝月圭吾『中世灌漑史の研究』目黒書店一九五〇。
(40)黒田日出男「中世農業と水論―八条朱雀田地指図・桂川用水指図」（小山靖憲・佐藤和彦編『絵図にみる荘園の世界』東京大学出

版会一九八七所収）ほか。
(41) 同前、一二四ページ。
(42) 京都近郊での大規模な土一揆としては、一四二八年正長の土一揆、一四五九年山城土一揆などがある。
(43) 東寺百合文書リ函一八四。
(44) 西暦一四六二年。
(45) 村内からの領主への年貢納入を村として請負うこと。
(46) 市街地・宅地から徴収する地代。またその徴収権。
(47) 一五九一年御土居築造により洛中となって市街地化した結果、年貢を徴収できなくなった田畠地。
(48) 京都市編『史料京都の歴史一四右京区』平凡社一九九四、六九ページ。
(49) 上久世、下久世、中久世、大藪、築山、嶋、石原の七ヶ村。
(50) 木製の橋で、通路面に土を敷いたため土橋と称した。
(51) 京都市編『史料京都の歴史一五西京区』平凡社一九九四、二二四ページ。
(52) 『史料京都の歴史一四右京区』五九ページ。
(53) 桂川や鴨川の流路が何度も変わっているので、厳密にこの場所が草津湊の旧地であると立証されているわけではない。
(54) 現在も「魚屋通」という通り名が残っている。
(55) 鱧は硬い小骨が多いため、皮を残した状態で身を細かく切る前処理のこと。
(56) 「楓野」という表記例もあるが同意と思われる。
(57) 吉田金彦他編『京都地名語源辞典』東京堂出版二〇一三・一〇。
(58) 道長の桂山荘跡地は、近世初に八條宮家の別荘となり、後に「桂離宮」と称され現存している。
(59) 本書一九ページ。
(60) 滝川政次郎『遊女の歴史』至文堂一九六五、中山太郎『日本巫女史』国書刊行会二〇一二、初版大岡山書店一九三〇。
(61) 網野善彦『無縁・公界・楽』平凡社選書一九八七、七四〜七六ページ。
(62) 「宇治関白高野山御参詣記」（『続々群書類従』第五）。
(63) 「毛利家文書」四〇三号。
(64) 『桂女資料』七五ページ他。
(65) 網野善彦『日本中世の非農業民と天皇』「第六章鵜飼と桂女」岩波書店一九八四、四一四ページ。

(66) 同前。四〇七ページ。
(67) 東寺百合文書シ函一〇号。
(68) 網野一九八四、四一一ページ。
(69) 村上紀夫『近世勧進の研究』「第Ⅲ部勧進の変容と社会への浸透」法藏館二〇一一。
(70) 桂飴は鮎に代わって桂の特産物とされた飴で、桂には明暦二（一六五六）年創業と伝わる飴屋（養老亭）があったが二〇一三年に廃業した。
(71) 上桂、下桂ともに領主は公家が大半であった。
(72) 村上二〇一一、二七四ページ。
(73) 同前。二九四ページ。
(74) 久世奈欧「近世～近代初頭における神功皇后伝承：山城国伏見御香神社・桂女を中心に」（『史林』九八巻五号二〇一五・九）
(75) 宝暦二年以来一六度目の御免勧化触れであった。
(76) 慶応四年三月「上下京三役年寄」名。
(77) 久世二〇一五、五九～六〇ページ。
(78) 上鳥羽の家が火災にあってからは、京都市中に転居した。
(79) 久世二〇一五、六三ページ。
(80) 柳田國男『妹の力』ちくま文庫版『柳田國男全集一一』一三ページ。
(81) 観光・保津川下りの発祥の地・京都亀岡・山本浜。https://blog.goo.ne.jp/hozugawa/c/3794a8d15dd642989475 5e58c9ed3e88 二〇二三年一〇月二五日閲覧。
(82) 中西宏次「京都の坂・嵐山」（『三洋化成ニュース』№五三一「京を歩けば」三六五 二〇二二年三月）。
(83) 「洪水の記録」国土交通省淀川河川事務所ホームページ。https://www.kkr.mlit.go.jp/yodogawa/know/history/flood_record/index.html 二〇二三年九月一九日閲覧。
(84) お雇い外国人デ・レーケ（オランダ人）らが技術指導を行った。
(85) 明治二九年水害は死者・行方不明三九三人、浸水家屋八万一八七五戸。大正六年水害は死者・行方不明五二人、浸水被害四三七六戸など。
(86) 基本高水流量から各種洪水調節施設での洪水調節量を差し引いた流量。これを安全に流下させることができるように堤防の高さや河床断面などが設計される。

(87) この時期以降に計画・建設されたダムは、大半が治水目的だけではなく灌漑用水確保・発電などの「利水」目的も合わせ持つ「多目的ダム」である。
(88) この結果、嵐山から下流の河床を掘り下げ、井堰を撤去するなどの改良事業が行われた。
(89) 丹生谷哲一『検非違使—中世の穢れと権力』平凡社ライブラリー二〇〇八、一四～一六ページ。
(90) 網野一九八七、一五四～一五五ページ。
(91) 丹生谷二〇〇八、一五ページ。
(92) 造園では、室町幕府将軍に重用された善阿弥ら「山水河原者」がいた。
(93) 京都市編『史料京都の歴史一五西京区』三三ページ。
(94) 同前。二五一ページ。
(95) 同前。二七二ページ。
(96) 山本尚友「六条村小史」http://suujin.org/yanagihara/TimeofYBank1.html 二〇二三年九月一四日閲覧。
(97) 京都市編『史料京都の歴史一五西京区』二五三ページ。
(98) 同前。二五〇～二五一ページ。
(99) 同前。二四七ページ。
(100)『京都の歴史六伝統の定着』学芸書林一九七三、四七四～四七七ページ。
(101) 同前。四七五ページ。
(102) 京都市編『史料京都の歴史一五西京区』二六七ページ。
(103) 一九一六年作の短編。『短編と戯曲』文藝春秋一九八八に収録。なお「お半長右衛門」心中事件は、菅専助作の浄瑠璃「桂川連理柵」の題材となった。
(104) 中西宏次「近世岩倉の茶筌師村」(『京都精華大学紀要』第四二号二〇一三)。
(105)「就」御尋」御答書」(「津田(太)家文書」文化九年五月)。京都市編『史料京都の歴史一五西京区』二七五～二七六ページ。
(106) 国土交通省徳島河川国道事務所「河川法改正の趣旨。次世紀へ、治水・利水・環境の総合的な河川整備を推進」www.skr.mlit.go.jp/tokushima/river/yoriyoi/yoriyoikawa/kasenhou/kasenhou01.html 二〇二三年九月一四日閲覧。
(107)「桂川河川保全利用委員会令和三年一一月三〇日会議資料三」
(108) 老ノ坂を越える旧山陰道は、現国道九号線と同ルートではなく、国道の西側に旧道が残っている。
(109) 五街道に次ぐ江戸時代の幹線道路。

第二章
桂川に南面する吉祥院

西国街道に沿う日向地蔵

一九三一（昭和六）年京都市に編入された旧紀伊郡吉祥院村は、吉祥院・西中・石嶋の三大字からなっていましたが、西中は西庄と中川原、石嶋は石原と嶋というそれぞれ旧村が合併してできた大字です。吉祥院以外の大字・旧村は、桂川左岸の低平な平野に点在していた農村ですが、吉祥院は近世初に整備された西国街道が東寺口の西から西南方向に向けて斜めに村内を通過していて、京都からの主要な交通路の沿道である点が他の大字とは異なっています。その結果、京都とその外部との境界という地域性を色濃く持っている土地であるといえます。

吉祥院には、菅原道真を祭神とする吉祥院天満宮（地図1・2のC地点）が鎮座していて、この宮を中心として村は東西南北に分かたれ、それぞれ北條（きたんじょ）、東條（ひがしんじょ）、南條（みなんじょ）、西條（にしんじょ）と呼ばれてきました。このうち本書では、「境界」としての特性を特に強く持っていると思われる南條と西條を取り上げ、その歴史と現在を見ていくことにします。

一、吉祥院天満宮近辺

吉祥天女社と天満宮

吉祥院という地名のルーツは、吉祥院天満宮にあることは間違いないでしょう。社伝によると、菅原道真の祖父・清公（きよきみ）が乗った遣唐使船が暴風雨にあい、難破しかかったときに吉祥天[1]に祈って難を逃れたため、帰国後八〇八（大同三）年邸内に吉祥天をお祀りした（吉祥院）のがこのお社の始まりだそうです。その後、孫の道真が藤原時平の讒言により右大臣から大宰府に左遷され、恨みを残して亡くなったあと都で不祥事が相次ぎ、彼の怨霊の跋扈が恐れられるようになりました。そして九三四（承平四）年吉祥院に隣接して道真を「自在天神」として祀る天満宮が造営されました。北野天満宮の創建が九四七（天暦元）年なのでそれより古く、社伝では「最初の天満宮」とされています。現在、境内の北に吉祥天女社、西側に天満宮が祭られています（図2－1境内図参照）。

吉祥天女社には、他に観世音菩薩、薬師如来、伝教大師最澄など仏教関係のほか、菅原清公、菅原是善（道真の父）そして何と、孔子も祀られています。お堂の外観は宝珠を頂いた仏寺風ですが、注連縄や御幣が飾られ、堂の名称も吉祥天女社と神道風になっています（写真2－1）。

これは、日本人の信仰のあり方を反映しているともいえるし、天満宮境内のお堂としては自然なあり方なのかもしれません。また明治初の廃仏毀釈の嵐をくぐるためにも好都合だったでしょう。この地は菅原家の領地だったと伝えられています。道真の曽祖父・古人（ふるひと）の代に、当時本拠地にしていた大和添下郡菅原の地[2]に因んで菅原姓を名乗り、代々儒家として朝廷に仕えました。祖父・父ともに大学頭・文章博士を歴任した学者の家系です。

図２－１　吉祥院天満宮境内図（「吉祥院天満宮境内及び付近の主要史跡所在地図」吉祥院天満宮社務所発行より）

写真２－１　吉祥天女社

写真２－２　吉祥院天満宮拝殿。この奥に本殿

平安遷都（七九四年）は祖父の代ですから道真は京都で生まれた可能性が高く、吉祥院天満宮の境内に「菅公胞衣塚」や「菅公産湯井跡」があります。ただし、これらは他にも何ヶ所もありますが……。

この社は朝廷による勅祭も行われて栄え、広大な社領を持っていたのですが、豊臣秀吉政権によって社領が没収されてしまいました。秀吉は京都の大改造を行いましたが市街地を地子免除（免税）にするため元の領主・地主に替地を与える必要上、京都近郊（主に西院村、吉祥院村）の社寺領などを召し上げたのです。この結果江戸時代には、吉祥院村は公家や寺社など多数の領主によって分割知行され、一七二九（享保一四）年には五九もの領主が数えられています(3)。

このため吉祥院天満宮は吉祥院村のみを氏子とする村社となりましたが、逆に地元の人たちにとっては自分たちの氏神として親しみを持ち、お詣りしてきたのです。そして天満宮を中心として四方の地域を大まかに区分し、それぞれ「北條」「東條」「南條」「西條」と呼ぶようになったのは前に記した通りです。吉祥院天満宮は名実ともに村の中心でした。

吉祥院六斎念仏踊り

江戸時代中頃から京都近郊の各地で六斎念仏が盛んになりました。六斎念仏は空也が始めた念仏踊りが起源で、六斎日(4)に各地で演じられたものの一部が風流化・芸能化したのです。元々干菜寺系と空也堂系と二つの流れがありましたが、前者は芸能化傾向を良しとしなかったのに対し、後者は寛容だったので、こちらが次第に主流になりました。現在京都近郊に伝わっている一五の六斎念仏（一九八三（昭和五八）年国の重要無形民俗文化財に指定）のうち、一二までが空也堂から免許を受けた芸能系です。

芸能系六斎念仏は、最初に御詠歌や念仏を唱和したりすることもありますが、宗教的な要素はあまりなく、演者が踊りながら太鼓を曲打ちしたり、「土蜘蛛」「和唐内」など能楽や歌舞伎に題材を借りたものなど、演じる側も見る側も楽しめる伝統民俗芸能です。

吉祥院には最盛期には八つの六斎念仏講（東條、西條、北條、南條、石原、新田、中川原、島）があり、毎年八月二五日吉祥院天満宮での奉納ではその日のうちに終わらず、二六日にかけて延々と演じ続けられたこともあったそうです。しかし、現在では吉祥院菅原町（旧南條）の菅原講のみが残り、吉祥院六斎念仏の伝統を受け継いでいます。

なぜ菅原講だけが残ったのか、その理由を探るには多くのことを見ておく必要があります。その後で、再び吉祥院六斎念仏の現代史に戻りたいと思います。

二、南條―吉祥院菅原町近辺

『雍州府志（ようしゅうふし）』にみる小島

吉祥院の南條は、かつて小島（嶋）村と呼ばれた小集落で、昔から現在地にあったわけではなく、今の上鳥羽付近に住んでいた人たちが桂川や天神川（現西高瀬川）の度重なる洪水に耐えかねて現在地に移住してきたとの伝承があります。[5] しかし一九世紀初の実測図である伊能図[6]には、「吉祥院村ノ内小島」がほぼ現在地にあたる場所に表示されているので、その頃には吉祥院村内の一集落として認識されていたことが分かります。

小島村について、江戸時代の地誌書である『雍州府志』（黒川道祐著）の中に次のように記されています。

およそ、穢多の始め、吉祥院の南、小島を本とす。この処に、のぼりと称する者あり。これ、罪有る人、道路に曝す時、紙旗に罪状を記し、姓名を記し、罪人に先立ち、竿をもってこの旗を棒持し、以て道路に唱うる者なり。この徒、毎日輪次して二条城外の塵埃を掃除す。これ、不浄を棄つるより出ずるものなり。（傍線は引用者。原漢文、書下し文は『訓読雍州府志』立川美彦編臨川書店一九九七による。）

この記述は、『雍州府志』巻八「古跡門」（愛宕郡）の、「悲田寺」という項の中にあります。この項は、他の古跡に比べかなり長文になっているのですが、それはこの項において当時の被差別民についてまとめて記しているからです。悲田寺（悲田院—当時岡崎にあった非人の居留地）についての記事に続いて、その住民が行う「節季候」など門付け芸のことを記し、さらに「東三条の南に、天部村あり。この処、悲田寺と一双たり。」と天部について生業などについて述べたあと「この天部・悲田寺、共に穢多と号す。」とも記されています。また、「青屋[7]はもと穢多の種類なり。穢多ならびに青屋、刑戮あるごとに、この徒、必ずその場に出てこの事に預かる。あるいは尸を磔り、あるいは首を梟す。」との記述に続いて、先の「およそ、穢多の始め……」という一文があるのです。

黒川道祐（一六二三〜一六九一）は、広島藩抱えの儒医を辞してから京都に住み、今でいうフィールドワークを繰り返して京都についての知識を深め、一六七六（延宝四）年に『日次紀事』、一六八六（貞享三）年に『雍州府志』を著しました。前者（全十二巻）は正月から歳末まで、日ごとに京都の行事や習わしを記したもの、後者（全十巻）は「山城国に関する最初の総合的地誌[8]」と位置付けられています。また後者での「古跡」については、従来京都名所案内記類書に取り上げられてきたものだけではなく、「今新たにこれを考ふ」として、彼の生きた時代既に「古跡」として扱うべき室町期以降江戸初期における歴史的意味を持つ場所についても取り上げている点に特徴があるとされています。[9]

こうした観点から見れば、著者・黒川道祐が、彼が生きた同時代の被差別民のあり方について関心を持ち、「古跡門」で詳細に記している事については頷けます。ただし、現在の歴史知識からいえば、記述内容にいくつかの疑問点もあります。先の「およそ、穢多の始め、吉祥院の南、小島を本とす」との記述について検討するためにも、本筋からいえばやや回り道になりますが、もう少し関連事項を整理しておきたいと思います。

まず、『雍州府志』が著された時点ですが、著者が現地調査をして原稿を書いたのは、大まかに言うと一六七〇年代後半から一六八〇年代前半にかけてです。この時期の京都では、江戸幕府による賤民支配の体制は、四座雑色―天部・六条村（役人村）系統と、天部出身の下村氏を経由しての二条城掃除番役系統の二本立てになっていました。（詳しくは、第三章「近世昇揚村の動向」参照）また、著者が「悲田寺」と記しているのは「非人」の居住地かつ京都市中に点在する「非人小屋」の元締めですが、[10]「この天部・悲田寺、共に穢多と号す。もと、牛馬の皮を剝ぎ取る故に、穢に触ること多し、よりて穢多と称す。」（略）「その家富める者多し。しかれども、世人これを忌みて、家居を共にせず、座席を同じくせず。両村ともに堂を建て、彌陀の像を安じ、念仏を修す。」（傍線部引用者）などと悲田寺（非人）と天部（穢多）を一括りに記しています。これは当時穢多と非人が厳密には区別されていなかったことを示しています。

さらに、先の引用に続いて次のように記されています。

「また、蝉丸をもって開祖とす。毎年八月二十八日、画像を掲げ、忌を修す。相伝ふ、蝉丸、逢坂関にありて、往来の人に餬ふ。これをもって乞児の祖とするもの、真に笑ふべく、痛に堪へたり。」この記述は、天部、悲田寺両村が蝉丸を祖として毎年八月二八日に蝉丸忌[11]を営んでいることをもって「一括り」の理由の一つにしているようにも読めます。

蝉丸については、その評伝が鎌倉時代に大きく変化しました。それ以前は、逢坂の関近くに住む盲人で、元京都の貴族の雑色（家臣）だったが失明・落魄して行きかう旅人に物乞いをして暮らしている。琵琶（または和琴）

の名人であり、源博雅が夜毎に彼のもとに通って遂に「流泉啄木」という秘曲を伝授された、といった説話が『俊頼髄脳』[12]や『今昔物語集』[13]に記されています。ところが、鎌倉時代に成立した『平家物語』には、蝉丸は琵琶の名人という点は変わりませんが、その出自については「延喜第四の皇子」つまり醍醐天皇の皇子だったが失明のため捨てられた、と「貴種」に変わりました。さらに逢坂に元からあった関清水神社が蝉丸を祭神とし、「関清水蝉丸神社」と称して『平家』を語る琵琶法師たちの信仰を集めるようになり、蝉丸は神格化もされたのです。ただし、琵琶法師たちは近世になると自分たちの祖を人康親王（さねやす）[14]という実在の人物とするようになり、彼を祭神とする山科四宮の諸羽神社を聖地としました。一方関清水蝉丸神社は、説経節語り[15]の本拠地となり、今も「音曲芸能祖神」とされています[16]。

このように、蝉丸の出自譚や評伝は時代によって変転したのですが、黒川道祐が天部や悲田寺の人たちが蝉丸を祖として信仰していることを「真に笑うべく、痛に堪へたり」と揶揄しているのは、歴史記述としては偏ったものであり、彼がやはり同時代の差別意識に囚われていたことを物語っていると思います。

さて、以上のような検討を経た上で、「およそ、穢多の始め、吉祥院の南、小島を本とす」という記述に戻りたいと思います。著者はこれについて根拠を示していないので、なぜ小島が穢多の始め（元祖）だと述べているのか分かりません。ただ、この一文の前後に刑吏としての職務について記しているので、何か関係があるのかもしれません。ただし、江戸時代に四座雑色の下で処刑などに携わったのは天部・六条村が中心で[17]、市外の村々はあまり関与しておらず、ついていたとしても付随的な業務でした[18]。ここに記されている「のぼり」という役務も、罪状を記した紙旗を持つという仕事で主要な刑務役とは思えません。続いて二条城掃除番役について記していますが、『雍州府志』の刊行（一六八六（貞享三）年）後、一七〇八（宝永五）年に下村家の当主・文六が死去し、下村家が廃絶。二条城掃除番役も廃止され、京都近辺の穢多村の支配は四座雑色からの系統に一本化されました。公役としては従来からの刑吏役と新たに課された牢屋敷外番役です。小島村にも牢屋敷外番役が課されていました。このように見ると、『雍州府志』の小島村に関する記載は、「およそ、穢多の始め、吉祥院の南、小島を本とす」と、そのように断定する理由の説明がないまま記されていて、それ以外は当時（江戸初期）の小島村が負担していた公役についての記事であるといえます。

喜田貞吉の小島村考

戦前期に部落差別について先駆的に研究した喜田貞吉[19]（一八七一～一九三九）に、「エタの元祖」という論考があります（『民族と歴史』第二巻第一号特殊部落研究一九一九（大正八）年七月）。その中に次のような一節があります。

「雍州府志」にエタの起源を尋ねるものにとって、見のがし難い文句がある。

凡穢多之始、吉祥院南小島為レ本。

著者黒川道祐が何に拠ってこの言をなしたか今これを知る事が出来ぬが、天和・貞享の古えに於いて、彼がかく判然たる記事をなすべく、確かな伝説のあったものと解さねばならぬ。小島は桂川辺の一村落で、古えの石原里に当たる。そして有名なる佐比里は、その西北に当たっていた。小島から西、桂川に沿うてもと昇揚という古い部落があった。或いはその辺がその佐比の一部に当たるのであったかもしれぬ。そしてこれらの地が平安朝の放牧葬送の地であったことは、「雍州府志」に小島をエタの始めということと、関係がありそうと思われる。

そして『三代実録』の八七一（貞観一三）年の条に、以下の記事があるとして引用しています[20]。

閏八月廿八日辛未、百姓の葬送放牧の地を制定き。一處は（中略）一處は紀伊郡十條の下石原の西の里と、十一條の下佐比の里と十二條の上佐比の里に在り。勅し給ひけらく、「件等の河原は、百姓の葬送幷に放牧の地なり。而るに愚昧の輩、其の意を知らず、競ひて占め營むことを好み、専ら人の便を失ふ。国司をして、屡巡撿を加へしめ、耕榮らしむることなかれ。犯さば則ち法有らむ」と宣り給ひき。

当時はまだ被差別民に関する研究史が浅かったためか、喜田の記述の中にはいくつか疑問点があります。例えば、「昇揚という古い部落」は「佐比の一部に当たるのであったかもしれぬ」と記していますが、昇揚村は紀伊郡の佐比里ではなく、乙訓郡の笠鹿里にありました。また、喜田は続いて「小島は或いは単に島と云い、維新後付近の石原村と合併して石島村と云い、今は吉祥院村の大字になっている。」と記しているのですが、石原村と合併して石島村になった島（嶋）という集落は、小島とは違う全く別の集落です。

したがって、ここで喜田の記していることをそのまま信用することはできないのですが、引用史料にあるように八七一（貞観一三）年に佐比里のあたりが百姓葬送・放牧地に指定されていて、「いずれそこには、これらの世話をした人民がいたに相違ない。これやがて小島（島）、昇揚（築山・大藪）等の部落の起源をなしたものではあるまいか。」というあたりがこの論の核心ではないかと思われます。古代の葬送や放牧に携わった人たちが、小島や昇揚の清目（喜田はこの用語を使っていませんが）の起源ではないかというのです。

また、この論考の文末で喜田は『雍州府志』に記されている「乃保里（のぼり）」について触れ、「のぼりは『幟』で、罪状を書いた旗から得た名である。罪人を扱い、汚穢を掃う。これまた彼らの職務とするところであって、これらの事についてもエタの本と認められた小島の者が、もとはやはり特別な関係を持っていたものと思われる。」と記しています。

日本中世史の研究者である丹生谷哲一は、平安京の治安維持にあたっていた検非違使が、[21]「儀礼・秩序・キヨメの統轄者」というその職務によって、「中世賤民、非人＝キヨメ身分の形成と構造に、検非違使制の果たした役割は、ほとんど決定的であったのではないか[22]」と記しています。そして、検非違使という古代官制が、「天皇と非人＝キヨメという、中世身分制における両極を媒介するかなめの役割を担っていたといっても過言ではなく、それはおそらく、四座雑色や弾左衛門配下の、近世賤民制の特質にまで、影響を及ぼしているであろう。[23]」と指摘しています。

また丹生谷は、紀伊郡下佐比里にあった中世荘園・石原荘に早くから注目し、この荘園の地は貞観一三年閏八月廿八日、百姓等の葬送・放牧地として太政官符で布告された紀伊郡での範囲と全く一致していること。そこが耕作・開墾を禁止されていた地であるのにその地に「一円荘園」[24]が形成されたのは、「墓地・牧地」の中の農民の宅地についてはその私有が認められていたこと。墾田開発の中心になった在地の有力農民である「行友」という人物が、検非違使庁の「看督長」という下級官人も兼ねていて、その地位を活用して荘園として立券したとみられること、などを詳細な史料の検討によって明らかにしています。[25]

しかし、その石原荘の中で、近世の小島村にあたる清目の居住地やその生業がどのようなものだったのか等については、史料を欠いており明らかではありません。

小島村の草場

以上に見たように、小島村の起源について詳しいことは分かっていません。しかし、おそらく中世初には佐比里南方の桂川左岸（「賽（さい）の河原」の語源との説あり）に清目の村として成立していたのではないでしょうか。ただし小島村に関する史料が散見されるようになるのは近世になってからです。以下、『京都の部落史』全十巻のうち「史料近世Ⅰ」（第四巻一九八六）[26]に拠って、小島村に関する記事を拾っていきます。

まず年代的に最も古いものは、慶安四（一六五一）年六月の「諸色留帳」の記事「吉祥院小嶋村穢多、桂西代村の草場の落牛を盗み、取り返される」という記事です。

慶安四年卯六月、吉祥院小嶋村穢多孫左衛門と申す者、即ちかつら西代村の草場に落牛これ在り候所に、右孫左衛門盗取り候に付、出入りに成り、往古の通り、西代村穢多へ取帰り候事。

桂川沿いの草場で、吉祥院小嶋村の孫兵衛という者が「落牛」を見つけて持ち帰ったのですが、見つけた地点は桂西代村の草場だったので揉め事になり、結局「往古の通り」つまり慣例により西代村に取り返された、という記事です。この「落牛」は、斃牛つまり牛の死体のことで、誰が見つけたかではなく、それが見つかった地点がどの穢多村の草場だったかによってその所収権が決まるというのが慣例であるということです。

この「草場」をめぐっては、桂西代村と昇揚村との間での揉め事についての記事[27]もあります。

元禄十四年巳八月、かつら西代村、久世かき上ヶ村、草場の義に付、出入りに罷成り、則ち下村文六殿、天部村にて、右の出入御聞き成され候事。

恐れ乍ら書付を以て申上げ候口上

願人　桂西代村惣中

相手　久世かき上村惣中

一、此□□の領分、北は嶋原表門筋、東は札場、南は権現堂、南の□はちより、西は七条の西石橋迄、往古より私共支配仕来り候所紛れ御座無く候。然る所に四十七年巳前[28]、慶安四年卯六月に只今新田、右の支配場所、落物御座候て、吉祥院孫兵衛と申す者、彼落牛取込申すに付き、私共其まゝ詮議仕り候へば、孫兵衛呉々詫事を仕り、右取込申す落牛、此方え取返し、堪忍仕り候事、只今に至る迄、かき上村の者共存知居り申し候所、此度、新家出来仕り候に付、かき上村の者共、我侭成る横領を申懸け、私共迷惑に存じ、兎角、地方捌きに仕るべきと互に料簡の上に、かき上村の者共と私共同道致し、当二月に新家地方へ参り、場所の詮議仕り候へば、地方かき上げ村の者共申す事、一円承印これ無く、桂領にて候へば、場所西代村の捌に仕るべきと地方御極め下され候所、此度両度迄、新家の落牛取掠め、我か侭なる横領を仕り候。御慈悲に聞召させられ、分取り掠め申す落物返し申す様に、かき上ヶ村へ仰付させられ下され候はば、難存じ奉り候。已上。

元禄十四年巳八月廿一日　西台(代)村年寄かもん

同　兵衛

同　太兵衛

この史料は、桂西代村と久世昇揚村との草場をめぐる争いに関し、当時穢多村の統率をしていた下村文六[29]が穢多頭村である天部村に出向き、両村の言い分を聴取した後西代村から出された文書です。

当文書の前半では、前に引用した慶安四年卯六月吉祥院小嶋村孫佐衛門(当文書では「孫兵衛」と表記)が西代村の草場から落牛を持ち帰ったが結局西代村に返した事件について触れ、この件はかき上げ村(昇揚村)の者たちも知っているにもかかわらず、今回の問題が起こったという書き方をしています。草場が隣接している他村との駆引きが、小島・西代・昇揚村ともに生業に関する重大な問題だったことが分かります。そして今回は、「新家」―新しい農家(集落?)ができた結果、昇揚村の者が勝手にその近辺での落牛を横領したので、二月に両村の者が同道して従来からの草場境界を確認したのに、その後も横領をやめないので善処してほしいという願文です。

牛馬吟味

草場で入手した斃牛馬は、それから皮革原料を取得し穢多村住民の生活の糧になるのですが、元禄期の記録にはこの生業ゆえに降りかかった災難についての記事も見られます。

〔諸色留帳元禄七年十一月〕

元禄七年戌十一月、城州吉祥院小嶋村の内、穢多作兵衛、伝兵衛、三右衛門、幷に久世かき上け村権十郎、合わせて四人、則ち牛馬御吟味に付、西御役所様へお召し出し、段々御せんぎの上、牢舎仰せ付させられ候事。

小出淡路守様

松前伊豆守様

小嶋村年寄

次郎右衛門

七良右衛門

かき上ヶ村年寄

源右衛門

伝次郎

〔諸色留帳元禄八年六月〕

元禄八年亥六月、吉祥院小嶋村の者共御仕置、則ち町中御引渡し、粟田口にて獄門。

小嶋村伝兵衛、同村作兵衛

橋本玄長と申す町いしゃ、合わせて三人獄門

右五日の番昼夜、天部村、川崎村、六条村人足出し相勤め申し候。尤も小嶋村よりも人足出し申し候。

小嶋村三右衛門　流罪

かき上ヶ村権十郎　流罪

天部村年寄

又三郎

六条村年寄

徳左衛門

「牛馬御吟味」というのは、この者たちの行いが五代将軍綱吉の「生類憐みの令」に抵触していないかという吟味だったと思われます。すなわち、斃（死）牛馬の通常の取り扱い（皮革関連）であれば彼らの職分ですが、まだ息のある牛馬を屠畜した場合、あるいは斃牛馬の処理を慣例通りに行わなかった場合など罪に問われたと思われます。前後の記事には半年余の時間差がありますが、処罰された人物名が重複しているので同一事件で、一六九四（元禄七）年十一月に西奉行所にて取調べ、入牢させられた四名に加え、橋本玄長という町医者が別に摘発され、計五名への量刑が決まり執行されたのが同八年六月だったということでしょう。

小島村の伝兵衛、作兵衛および橋本玄長は獄門（斬首）という極刑、三右衛門と昇揚村の権十郎は罪一等減じられ流罪という大事件になったのです。

「諸色留帳」には処罰について記されているだけで、事件の詳細については何も書かれていません。また管見では本事件の経緯について記された他の史料も見当たりません。したがって、推測するしかないのですが、ポイントは橋本玄長という町医者ではないでしょうか。町医者ですから今でいう獣医ではなく、彼が本件に関わった

のは「牛黄」が絡んでいるのではないかと思うのです。牛黄は、牛の胆石で薬効が高く、高価で取引きされます。これが牛の体内にあるかどうかは「腑分け」してみない限り分からないので、穢多にとっては斃牛馬処理の際の重大な関心事でした。橋本玄長が獄門になったということは、牛黄の取得をめぐって小島村の伝兵衛・作兵衛らとともに何かの工作をし、その経緯が「生類憐みの令」に触れると処断されたのではないかと推測します。

小島村の人たちは、自村の住人が獄門五日晒しされるのに、人足として動員されたのですが、どのような気持ちだったでしょうか。

近代の南條

このように近世にはエピソードが結構色々とある小島村ですが、戸数・人口はどれぐらいだったかというと、一七一五（正徳五）年の記録[30]には、戸数一七軒、人数七一人（男三五、女三六）とあります。同じ記録によると、久世昇揚村は一四軒、人数五八人（男三四、女二四）、桂西代村は八軒、人数三五人（男一九、女一六）と、京都西南部の穢多村はいずれも比較的小規模な集落でした[31]。

明治になり穢多身分が廃されたあと、小島村は吉祥院村に編入され、同村の南條（みなんじょ）と称されるようになりましたが、これは前に記したように吉祥院天満宮を起点に村を東西南北に四分するときの呼称で、一九三一（昭和六）年の京都市編入後町名は吉祥院菅原町と称するようになりました。南條の人々は、穢多村としての公役などから解放された後、斃牛馬処理や皮革関連の仕事からも離れ、周囲の村々と同様農業中心の暮らしになったと思われます。そのことは、次のような伝承によってもうかがえます。

吉祥院六斎念仏は江戸時代中頃には吉祥院の各大字にそれぞれ講が形成され、吉祥院天満宮での念仏踊り奉納は盛況になっていくのですが、南條には講がありませんでした。明治になってから、南條の人たちは自分たちも六斎念仏踊りを演じたいと願い、他の講の人たちに教えてほしいと頼んだのですが、なかなか教えてくれません。そこで、南條の田を小作している他地区の農家の人に、小作料をまけるから教えてくれと頼み、ようやく教えてもらうことができたということです[32]。

これが事実とすれば、明治初には南條の農家は他地区の農家に小作させるほどの農地を持っていて、小作料の減免と引き換えに六斎念仏踊りを教わるというのは、以前の穢多身分の時にはできなかったことだったでしょう。

しかし、この伝承が近代以降の南條の人々の暮らしぶりをそのまま物語っているのかというと、そうではありません。比較的資料が多く残っている京都市編入以降のデータを見る限り、南條―菅原町（吉祥院部落）の人たちの暮らしは総じて豊かなものではありませんでした。

以下、高野昭雄による詳細な研究（「吉祥院地区における朝鮮人の流入過程」『近代都市の形成と在日朝鮮人』第七章佛教大学研究叢書五　二〇〇九人文書院）に拠って、主に戦前期の吉祥院部落の状況を見ていきたいと思います。

一九三六（昭和一一）年、融和事業実施に関わる京都府親和会の調査報告には、吉祥院部落について「農ヲ主業トシ日稼ヲ副業トス生活程度下位ナリ」「最近下水ヲ製備スレトモ家屋密集シ道路モ狭ク復雑ナル状況ヲ呈ス」などと記されています。また昭和一一年度地方改善施設費補助事業として吉祥院地区において次のような事業を行うとされています。

四一、下京区吉祥院

約千坪の土地を借り、市清掃課と交渉し、該地に塵芥を入れ、耕作地に施して土地を高くすると同時に排水をよくす。従来耕作地三十町歩あるも、湿低地があるがため、蔬菜の品質頗く（る）不良なりき。湿低地一反歩一ヶ年九十円の収入に対し、土地を高め排水を改良すれば一反歩一ヶ年二〇〇円乃至三〇〇円をうる見込なり。[33]

低湿地に塵芥を投入して農地を嵩上げして排水を良くし、蔬菜の品質を高め農業収入を増やそうという取り組みで、このような事業が行われるということは、当時この付近の農業は蔬菜中心の近郊農業化していたと思われます。また親和会資料に「農ヲ主業トシ日稼ヲ副業トス」とありますが、副業の日稼ぎとしては、土木工事が中心でした。上に引用した農地の嵩上げ事業でも、要援護者を就労させ賃金を得させることも目的であり、地元の人たちが雇われたのです。

高野は、吉祥院部落で融和事業が集中的に行われた背景として[34]、吉祥院の困窮度の高さ、洪水被害の大きさに加え、融和事業を受け入れる土地柄を挙げています。

吉祥院では米騒動の時にもほとんど動きはなく、水平社結成にあたっても参加する者はありませんでした。そして、高野はこの「土地柄」に関わりのある人物として、増田伊三郎のことを記しています。増田は吉祥院南條の出身で、土建業を立ち上げて手広く経営し[35]、京都市の都市計画事業も多く受注して携わりました。また任侠の世界でも大親分として影響力を持ち、大日本国粋会[36]の幹部としても活動しました。増田が経営する増田組は、吉祥院での融和事業受注の元請け的立場で、多くの事業を受注し菅原町の住民にも日稼ぎ仕事が回ってきたのです。

在日朝鮮人の集住

増田組は土木事業を行うほか桂川での砂利採取にも関わっていました。川砂利はコンクリートの骨材として昭和初期から需要が急増していたのです。吉祥院が京都市に編入された一九三一(昭和六)年以降、土地区画整理事業が始まり、洛西工業地区土地区画整理事業として排水路、都市計画道路など社会基盤整備事業が進行しました。また一九三五(昭和一〇)年に御室川・天神川が氾濫して大洪水になり、この災害の復旧事業として両川の改修工事も始まりました。これらの工事に使われる砂利の採取に携わっていたのは、多くは在日朝鮮人でした。そして彼らの多くが吉祥院に住んだ結果、一九二〇年代にはほとんどなかった「外地人」の人口が一九三〇年代に入ると急増し、一九三五年には総人口六五五七人のうち朝鮮人が一二五一人（一九％）を占めるまでになりました。[37] 特に菅原町、および隣接する這登（はいのぼり）町の空き地にバラック長屋が建てられ、多くの朝鮮人が集住した結果、一九四三（昭和一八）年には菅原町の世帯数二二八のうち一四〇（六一％）、人口一〇八二人のうち六二七人（五七・九％）を朝鮮人が占めるに至っています。[38]

彼らは砂利採取だけでなく、土木工事の人夫としても使役されましたが吉祥院には家族で居住している者が多く、キリスト教の祈祷所や朝鮮人幼児保育所、朝鮮人向けの日用食料品店もあったとのことです。[39] 被差別部落の周辺に在日朝鮮人が流入して混住する事例は他でも見られますが、京都周辺で一時期日本人より朝鮮人の方が多数になったのは吉祥院だけでした。

なお、菅原町周辺では日本人と朝鮮人が混住していたのですが、そこからやや北西の桂川と天神川の合流点付近にあたる吉祥院新田壱之段町、二之段町付近には、日本人からは孤立して朝鮮人が集住していました。この人たちは、新京阪電車（現在の阪急電車京都線）の工事に携わっていた人たちとその家族でした。新京阪電車は一九二八（昭和三）年に西院まで開通し、一九三一（昭和六）年には地下路線として四条大宮まで延長されました。[40]

この工事を受注したのは大林組です。大林組は、日露戦争時に朝鮮半島での鉄道敷設工事に参加することによって急成長を遂げましたが、その際現地の朝鮮人を多数使役しました。大林組が新京阪電車の工事を受注した一九二〇年代には朝鮮は既に植民地になっており、多くの朝鮮人が職を求めて渡日していました。彼らは大林組を元請けとする工事に雇用され、昭和天皇即位の「御大典」に間に合わすための突貫工事で危険な現場労働に従事したので、この時期には新京阪工事に伴う朝鮮人の死傷事故が多発しました。[41]

一九三一（昭和六）年に四条大宮までの工事が終わる以前は、朝鮮人労務者とその家族は西大路通四条下がる付近（西院駅の南）にあった小高い丘の上（京阪電車所有地）にバラック住宅を作って集住していたのですが、工事終了後立ち退きを迫られ、結局集団での移住先として選んだのが吉祥院の天神川・桂川合流点付近の河川敷だったのです。ここは元々砂利採取業者が占有していた土地で、占有権が消失してからもその業者に賃貸料を払って朝鮮人が住んでいたのですが、そこに西院の集住地を追われた人たちが流入してきたのです。この新集住地は、一九三五（昭和一〇）年六月の大洪水で大きな被害が出ました。河川敷ですから洪水時に被災するのは当然といえます。そして水害後の河川改修事業が始まると「桂川改修工事上の一つの癌」と見なされ、再び立ち退きを要求されたのです。

以上見てきたように、戦前期には吉祥院の被差別部落周辺や河川敷に多くの在日朝鮮人が集住していました。これは当時吉祥院が京都市街周縁部という境界性を強く持ち、中心部の近代化や「御大典」などの国家的事業遂行に関連する土木工事に携わる下層労働力の供給地になっていたということです。戦後になると、吉祥院や上鳥羽、久世など盆地西南部の工業地域化、少し遅れて住宅地化が本格化し、吉祥院の地域性はまた変化していきました。「京都の境界」であることは変わりませんが、「境界」の内実が変わっていったと思います。

南條の六斎講

ここまで中世末から近代に至る吉祥院、特に南條・旧小島村の歴史を追ってきました。これによってようやく南條・現菅原町における六斎念仏踊りの継承について、その意味を考察する上での歴史的な視座が設定できたのではないかと思います。

まず明治初までなぜ南條には六斎念仏講がなかったのか、その理由は「差別による排除」に他ならないことは明白です。南條・旧小島村は、吉祥院の中では他とは対等な集落とは見られていなかったことが、六斎念仏講がなかったことに象徴されているのです。南條の人たちが被差別身分から解放されて、吉祥院天満宮の氏子として他集落と同じように六斎念仏踊りを演じ、奉納したいと願ったのは当然のことでした。経緯はさておくとして、南條にも講ができ六斎念仏踊りが行われるようになりました。その後の経過を、南條内部に関することと、外部との関係にかかわることに分けて見ていきたいと思います。

まず、南條内部では、男子は一五歳になると青年会員になり、同時に自動的に六斎念仏講に加入しました。それが当たり前の事だったというか、南條だけでなく、他の講でも農村共同体として六斎念仏に取り組んでいるので「有志参加」というのはあり得なかったと思います。農業用水路の維持・管理や、道路の整備作業などの分担と同じように、六斎念仏踊りの練習や奉納への参加がいわば義務付けられていたのです。そして、初参加から二〜三年ぐらいは「茶番」[42]といって、お茶の用意や用具の準備・運搬など雑用係に終始し、その間先輩が技術を教えてくれるわけでもなく本番用の笛や太鼓を使って練習することも許されないので、青竹を伐ったものを叩いたりして見よう見まねで練習したそうです。[43]そして茶番期間を終えると、実力のある者が登用され舞台に上がることができるが、技が向上しないものは「ゴロマ」というポストに回され、これは茶番と同じ雑用係なので舞台に立つことはなかったといいます。[44]そして二五歳になると「後見」という役職になり第一線からは退いて若手の指導や世話を担当することになります。青年会は三〇歳ぐらいで退会となるので、その後六斎念仏を続ける者は「世話方」、さらに「年寄」となり、特に優れた技の伝承者は「師匠（中老）」と呼ばれて尊敬されました。以上のような六斎念仏講内部でのあれこれは、南條も他の講も大差はなかったのではないかと思われます。

次に、南條六斎念仏講（現菅原講）の歴史の中で、外部との関係において他の講とは異なる側面を見ていきたいと思います。これはまさに、被差別の歴史であり、またそれとの闘いの歴史でもありました。

まず、明治になってから南條の講が吉祥院天満宮での六斎念仏踊り奉納に参加するようになると、他の講の人たちから陰に陽に差別的な眼差しを受けました。[45]「ひのき舞台」といわれた天満宮の舞台に上がらせるな、という嫌がらせを受けたり、[46]さらに年代は明確ではありませんが、八月の清水寺盂蘭盆会法要に清水の舞台に多数の六斎念仏講が参集し順番に奉納する際に、後着の六斎組から「部落者を舞台に登らすな」「部落の後に舞台に上がれるか」「あいつら〝あれ〟やから」などといわれて舞台に塩を撒かれるということがあり、南條の若者が憤激して大げんかになったという出来事もあったようです[47]。

しかし、南條六斎講の人たちは、吉祥院天満宮や清水寺の「ひのき舞台」や、八月の地蔵盆に際し近隣の各町内を回って演じる「まわり舞台[48]」で六斎念仏踊りを披露することが、自分たちも対等な人間であることの主張であり、そのために日頃から技を磨き、他の講に負けない演技を目指していたと思います。南條の人たちにとって、六斎念仏踊りに関わることは、差別との闘いという側面も持っていたといえるでしょう。

六斎念仏講の衰退と菅原講での継承

近代初に吉祥院各大字で六斎念仏講が出揃った頃は、前に記したようにそれぞれの農村共同体での「しきたり」として青年男子の六斎念仏講への参加が義務付けられていましたが、年代が経過するにつれ、その状況は変わっていきました。それは吉祥院という地域が、近郊農村から工業地域・近郊住宅地域に変貌を遂げていったためです。特に第二次大戦後、とりわけ高度成長期以後の変化は急激なものでした。南区全体の数値ですが、一九六五（昭和四〇）年に全面積に占める農地の割合が四七・二八％であったものが二〇〇〇（平成一二）年には一〇・八五％に減少し、住宅地は一〇・二六％から五四・五〇％に増加。工業地は三一・三六％から二六・九三％に減少していますが、これは一九八〇（昭和五五）年に四六・四五％になったのをピークに減少に転じた結果です[49]。

吉祥院の各念仏講でも、戦後、特に高度成長期以降には担い手層の若者が脱農化し、二・三次産業に就労するようになったため、従来のような体制では念仏講が維持できなくなり、そのまま活動休止状態になる講が相次ぎました。菅原講でも戦後間もなく青年会は消滅し、一九五〇（昭和二五）年に六斎念仏を担うための組織である「共親会」が発足しました。共親会が青年会と異なる点は、強制（自動）加入ではないという点ですが、発足時点では当時の若者たちのほとんどが参加したということです。強制の枠を外すことにより、自分たちが六斎念仏踊りを担うという自発性を引き出すことになり、この時菅原講は一度目の危機を脱することができたと思います。吉祥院の他の念仏講がいつ頃まで存続していたのか、厳密には分かりませんが、東條、石原の講が昭和三〇年代までは活動していた（他の講は記録なし）と伝えられているので、菅原町で共親会が軌道に乗る頃には、他の講はほぼ衰退していたのではないかと思われます。

共親会になぜ多くの若者たちが参加したのか。それは六斎念仏踊りを演じることが他地区の人と対等の人間である証であり、誇りでもあるという南條の先人たちの気概が、当時も受け継がれていたためではないでしょうか。この共親会は、一九五三（昭和二八）年から五五（昭和三〇）年にかけて東山の円山音楽堂で開催された京都市六斎念仏コンクールで三年連続優勝するという快挙を遂げました。以後テレビ出演や地方公演の依頼などが多くあり、多忙を極めたが、当時は共親会員が五〇名以上おり、同時に二箇所で公演することもあった[50]といいます。こうして、一九六〇年代には吉祥院六斎念仏踊りは菅原講のみが継承することになりました。

菅原講の危機と再建

しかし、当然のことながら菅原町にも都市化とそれに伴う就業構造の変化は急激に波及してきました。農業中心の地域の場合、六斎念仏踊りのために割ける時間を集団で確保することはそれほど困難ではないというか、それも生活の一部になっていたのではないかと思うのですが、成員の仕事が多様化すると集合して練習するなどの時間をとることが難しくなってきます。また価値観も多様化し、各自の六斎念仏踊りに対する優先順位もまちまちになってきます。このようにして、菅原講の存続に黄信号が灯ってきた頃、別の大きな問題が生起しました。一九八〇（昭和五五）年七月、菅原町で部落解放同盟吉祥院支部が発足したのです。

先に記したように、南條‐菅原町では水平社発足時も動きはなく、大正から昭和前期にかけて、融和事業が集中的に行われたという土地柄です。その菅原町で、京都市内一一番目という解放同盟の新しい支部が発足したのはどのような経緯だったのでしょうか。

支部立ち上げの中心になったのは、二〇歳代の若者たちでした。その中でも中心的な役割を担ったのは、一九五九（昭和三四）年生まれ、当時二〇歳の石田房一さんです。私は石田さんにお会いして、支部設立に至る経緯などについて詳しくお話を聞くことができました(51)。

石田さんは菅原町に生まれ、家は農家でした。吉祥院小学校、洛南中学を卒業。自分が部落出身だと知ったのは、小学校五年生の時だったそうです。当時吉祥院小学校には同和教育に熱心な教員が多くいて、これから出会うであろう差別に負けない子どもを育てるという取り組みが行われていました。同じ菅原町の子どもの中にはそれを知って学校に行きたくないと落ち込んだ友達もいたそうですが、石田さんは「逃げずに向き合う」という闘争心がこの頃芽生えたといいます。洛南中学でラグビー部に入り、その顧問であり、同和主担でもあった種村稔也先生に出会ったことが大きな転機となりました。高校はラグビーの強豪校である伏見工業高校に進みラグビーに専念したため部落問題からは一時遠ざかりました。伏見工業には部落研があったそうですが、二〜三回顔を出した程度だったということです。高卒後、ラグビーを続けるため福岡の大学に進みましたが練習等がイメージしていたものと違っていてすぐ中退し、吉祥院に戻りました。その頃京都市役所のラグビー部が吉祥院グランドで練習していて、見に行っているうちに一緒に練習するようになり、市職員の採用試験を受けるよう勧められたそうです。それに合格して市交通局に採用され、結局定年まで勤めることになります。社会人になってからも種村先生との関係は続いていて、部落解放運動に積極的に参加するようになったのも先生の影響によるところが大きかったようです。

当時京都西南部（南区）では、一九六九（昭和四四）年に部落解放同盟上鳥羽清井町支部が発足、続いて一九七六（昭和五一）年に久世大築町で久世支部が発足（第三章参照）していたので、石田さんは吉祥院でも支部を設立して解放運動の旗を掲げるべきではないかと考えるようになりました。そのためしばらく隣の清井町支部に出入りして部落解放運動のノウハウを学んだあと、支部設立メンバー三四名を結集し、一九八〇（昭和五五）年七月五日吉祥院隣保館で旗揚げの設立総会を行いました。メンバーの大半は若者だったということです。

ところが、支部立ち上げに対し地元の菅原町から反対の声が上がりました。「この町に解放同盟は必要ない」「ここが部落だと宣伝するようなもの」「荊冠旗を立てるのはやめてくれ」などの声が上がり、町を二分する騒ぎになりました。また町外から「吉祥院支部」と名乗るのはやめて、自分たちも部落と思われるから、と言ってきた人もあったということです。元々菅原町は住環境も悪くなく、改良住宅もないので外から見ると被差別部落だとは分からない、「寝た子を起こす」必要がどこにあるのか、という意見がかなりあったということです。

この騒ぎによって六斎念仏共親会の内部でも分裂が起こり、大量の脱退者が出ました。石田さんは、支部結成に参加した若者たちに呼びかけた結果、十数名が共親会に加入し、何とか危機を乗り越えることができたのです。

その直後の一九八三（昭和五八）年、京都の六斎念仏は「京都六斎念仏保存団体連合会」として国の重要無形民俗文化財の指定[52]を受けることになりました。この時、共親会も「吉祥院六斎保存会」と改名して活動を続けることになり、現在に至っています。

運動のリニューアル、学校との連携

石田さんの話の続きですが、解放同盟支部を立ち上げたものの、その後も苦難の連続でした。当時は同和対策事業（特措法）が継続中[53]だったため、支部メンバーの中には同和対策事業の見返りや税の優遇など利権追求を優先する人もいて、支部運営をめぐって対立も起こったようです。この時も石田さんは種村先生に助言を求め、原点に立ち返って支部の建て直しに取り組むことができたと話されました。種村先生は後に記す「ふれあい吉祥院ネットワーク」が発足した際初代理事長を務めるなど、教職を離れても吉祥院地域と関わりを持ち続けられたのです。

六斎念仏踊りに関しては、一九九二（平成四）年吉祥院小学校で、同年の学習指導要領改訂による「新しい学力観」に基づく「すそ野学習」（現在の総合的な学習）の一環として、子どもたちに地域の伝統芸能である六斎念仏について学ばせる取り組みが新しい流れを生み出しました。一年目はフィールドワークを行って六斎念仏の歴史などを調べ、報告するという活動でしたが、二年目からは六斎念仏踊りを実演するようになりました。当初は保存会員の指導を受けたり実際の道具を使うことは許されず、ビデオを見ながら見よう見真似での練習でした。しかし小学生たちは練習を重ね、京都市内で「すそ野学習」を行っている学校が集まって永松記念教育センターで行われた「すそ野学習全市交流会」で六斎念仏踊りを演じるまでになりました。また一九九三（平成五）年九月老人福祉センターでの「敬老のつどい」では、地元での初披露を成功させました。このような学校・子どもたちの取り組みを見て、保存会側も歩み寄り、保存会員が実際の道具を使って直接小学生を指導するようになったのです。

そして一九九五（平成七）年三月には「吉祥院子ども六斎会」が発足しました。またこの年から吉祥院天満宮例大祭での六斎念仏踊り奉納に、小学生が参加できるようになったのです。このとき、学校関係者は、従来男性のみで演じられている六斎念仏の舞台に女の子が上れるのかどうか懸念したということですが、「今はそんな時代ではない」という当時の保存会長の判断で、女子も登壇して演じるようになりました。

　子ども六斎会が軌道に乗り、そのＯＢ・ＯＧが高校・大学生になっても関わりを持ち続ける実績ができてきた二〇一〇（平成二二）年四月には、吉祥院六斎歴史研究会（愛称「獅子の如く」）が発足しました。これは石田さんによると、「子ども六斎と六斎保存会とをつなぐ」組織であり、小学生で「子ども六斎」に入り六斎念仏踊りを始めた子が、中・高・大学生になったときに六斎との結びつきを保ち、将来保存会の担い手になっていく道筋を確保するため立ち上げられました。「獅子の如く」のメンバーは、吉祥院六斎の歴史調査、古老への聞き取りなどをしてその成果を機関紙『獅子の如く』に発表するなどの活動とともに、二〇一一（平成二三）年四月から旧学習施設[54]を転用した吉祥院六斎歴史資料展示室という活動拠点もでき、子どもたちの指導や共同作業などを行っています。

地域活動のネットワーク化

石田さんたちが解放同盟吉祥院支部を立ち上げて以後も、菅原町の中で組織が拡がったのかというと、決してそうではなくむしろ少数派のままで留まっている実情があります。その中で吉祥院支部は、吉祥院地域全体の地域活動の中に人権問題を提起していく位置を確保するというスタンスを取ってきました。この点に関し石田さんは「吉祥院学区における『人権まちづくり運動』の可能性と課題[55]」というレポートの中で次のように述べています。

（前略）部落解放運動からまちづくり運動へシフトする動きは、吉祥院地域だけではなく、他地域でも展開されているが成功している例は数少ない。この活動を見ると、まったく同じ立場のコミュニティではなく、いわゆる社会的弱者と他者のコミュニティーが一つになり、人権のまちづくり運動が必要になるとすれば、ふれ吉ネットの取り組みは、一つの成功事例として有意義である。

ここに記されている「ふれ吉ネット」とは、「ふれあい吉祥院実行委員会」という名称で一九九六（平成八）年二月に解放同盟吉祥院支部と隣保館職員・同和教育担当教員などが中心になってスタートしましたが、その時点では地域の各団体からはほとんど参加していませんでした。実行委員会は一九九九（平成一一）年から吉祥院ふれあいジャンボリー、講演会、展示会などの行事を継続的に開催。また二〇〇四（平成一六）年一〇月に吉祥院学区が京都市の「安心安全ネットワーク形成事業」のモデル地区に指定されたのを機に「安心安全ワークショップ」を継続開催[56]するなどの中で、次第に地域での認知度が高まりました。またモデル地区指定に際しアドバイザーとして立命館大学産業社会学部の乾亨教授が関わったのを機に、乾ゼミの学生たちが吉祥院地域を研究フィールドとし、イベント時にはスタッフとして参加するようになりました。

こうして、ふれあい吉祥院ネットワークの存在感が高まってくる中で、参加・協力団体を拡大し名実ともに吉祥院学区に根差した組織とするため、NPO法人化が目指されることになりました。二〇〇五（平成一七）年一二月設立総会を開催、二〇〇六（平成一八）年三月「NPO法人ふれあい吉祥院ネットワーク」として認証されました。

ちょうどこの頃、京都市のコミュニティセンター条例が改正され、指定管理者への業務委託が始まり、これを受託するには法人格が必要という背景もありました。二〇〇六（平成一八）年四月からNPO法人吉祥院ふれあ

写真２-３　安心安全のまちづくり第一回ワークショップ。コミュニティセンター屋内体育施設にて

写真２-４　吉祥院いきいき市民活動センター

写真２-５　吉祥院六斎念仏展示室

いネットワークが吉祥院コミュニティーセンター（二〇一一（平成二三）年「吉祥院いきいき市民活動センター」に名称変更）の指定管理者となり、現在に至っています。

なお、同センター一階には「吉祥院六斎念仏展示室」があり、関連資料が常設展示されています。

境界からの発信

中世末の小島村を起点として、以後千年以上にわたる吉祥院・南條地域の歴史を縦断的に見てきました。この地に生まれ育った人たちは、近世まで死を穢とする「穢れ」概念に起因するいわれのない差別を受け続けてきました。近代以降は身分差別からは解放されたものの、差別は陰湿化し、現在でも完全になくなったとは言い切れません。被差別の歴史の中で、この地の人々はそれに忍従するのではなく、その時々に可能な範囲で自己実現をはかり、マイノリティーの側からの発信をしてきたと思います。特に近代以降は、南條講として吉祥院六斎念仏踊りに参入すると、周囲からの差別的な眼差しをはねかえすように技を磨き、レベルアップに取り組んできました。高度成長期以後他の講が維持できなくなっていったのは、都市化による就業構造の変化、価値観の多様化により、講の存立基盤であった村落共同体が脆弱になったため、といえるでしょうが、南條・菅原講の場合は、少し違っていました。そこでは、六斎を演じることが、差別に負けないという意思表示でもあったのではないでしょうか。意味付けのプラスαの分だけ、南條（菅原）講にはアドバンテージがあり、講を継続することができたのではないかと思います。

解放同盟支部結成時に講から抜けた人たちもありましたが、それは「運動」に対する考え方の違いからであり、この分岐以後菅原講は差別との闘いというバックグラウンドを明確に持つようになりました。そのことは、同和対策事業が展開される中で、隣保館（コミュニティセンター→いきいき市民活動センター）、（旧）学習施設など、ハード面での支援が可能になることにつながりました。練習場所・用具置き場などの確保に加え、いきいき市民活動センター内に六斎念仏展示室が設置されていることが象徴的です。また、ソフト面では、吉祥院六斎念仏踊りの継承を差別との闘いとリンクして見ていく視点が明確にされたと思います。

この間運動側のスタンスも柔軟になってきました。声高に差別撤廃を叫ぶのではなく、地域社会の一員として日常の活動の中で人権問題の重要性を訴えていくというスタイルがとられてきました。

こうした取り組みが今後も継続されることによって、「人権を大切にする」という課題が吉祥院地域全体のものとして、さらに定着していくのではないかと思います。

三、西條―吉祥院西ノ茶屋町近辺

西條茶屋

吉祥院西ノ茶屋町という町名があります。行政上の町名になったのは一九六〇（昭和三五）年ですが、「天保国絵図山城国」（一八三八（天保八）年刊）に「吉祥院村内西之茶屋」の表示が見られます。また「山城国大絵図」（一七七八（安永七）年刊）に「石原茶や」と記されているのも西国街道沿いにあった同じ茶屋またはそれに因む地名ではないかとみられるので、江戸時代吉祥院の西国街道沿いに「西之茶屋」と呼ばれた茶店・地名があったことは間違いありません。[57][58]

また、「城州紀伊郡吉祥院村西條茶屋町享保六丑年念仏講中」と刻印された鉦（かね）が西ノ茶屋町内会に所蔵されているので、当時（一七二一（享保六）年）このあたりには茶屋だけでなく集落があり、念仏講（六斎念仏講）が形成されていたのです。

鉦に記されている「西條茶屋町」という町名は、「にしんじょちゃちょう（まち）」と読んだと思われます。江戸時代吉祥院天満宮を中心に吉祥院村は東西南北に分けられ、このあたりは「西條（にしんじょ）」だったので、そこにあった

写真２-６　西ノ茶屋町所蔵の鉦（裏面）（小柴美仁氏提供）

茶屋（地元では二軒の茶屋があったと伝承）に因んで西條茶屋町という町名ができ、後に西ノ茶屋町と呼ばれるようになったのでしょう。

一八八九（明治二二）年測量の二万分の一図（地図１。六九ページ）には、吉祥院村内の西国街道に沿う小さな集落（江戸時代からあったとみられる）がいくつか記されていますが、それらは桂川沿い低湿地の中の微高地（自然堤防、段丘）の上に立地していました。このうち西條茶屋町（地図１のＤ地点）には、西国街道を行く旅人相手の茶店があったと思われます。その位置は、西国街道の起点・東寺口（地図１のＡ地点）からいえば桂川を渡河する手前で、最初の休憩所として適度な距離だったのでしょう。京へ向かう旅人にとっては桂川を渡り、東寺口まではあと一息という地点で最後の休憩をとる、そのような位置だったと思われます。

陽泉亭

幕末の一八五八（安政五）年一〇月、陽泉亭松村徳翁という人が西ノ茶屋町に「日向地蔵」を開眼し「一石一字大乗妙典塔」を建てました。「塔」の下には小石に経文の一字ずつを記したものを埋めたといいます。

松村徳翁という人物についてはよく分かっていませんが、江戸時代に京都町奉行の配下として行政を分担していた「四座雑色」のうち、坤（西南）を担当していた松村家の関係者との伝承があり、地域の篤志家だったと思われます。この人物に関わりがあると思われる史料としては、『都林泉名勝図会』[59]巻五（一七九九（寛政一一）年刊）に池泉庭園として収録されている「吉祥院村中陽泉亭」があります（図２-２）。

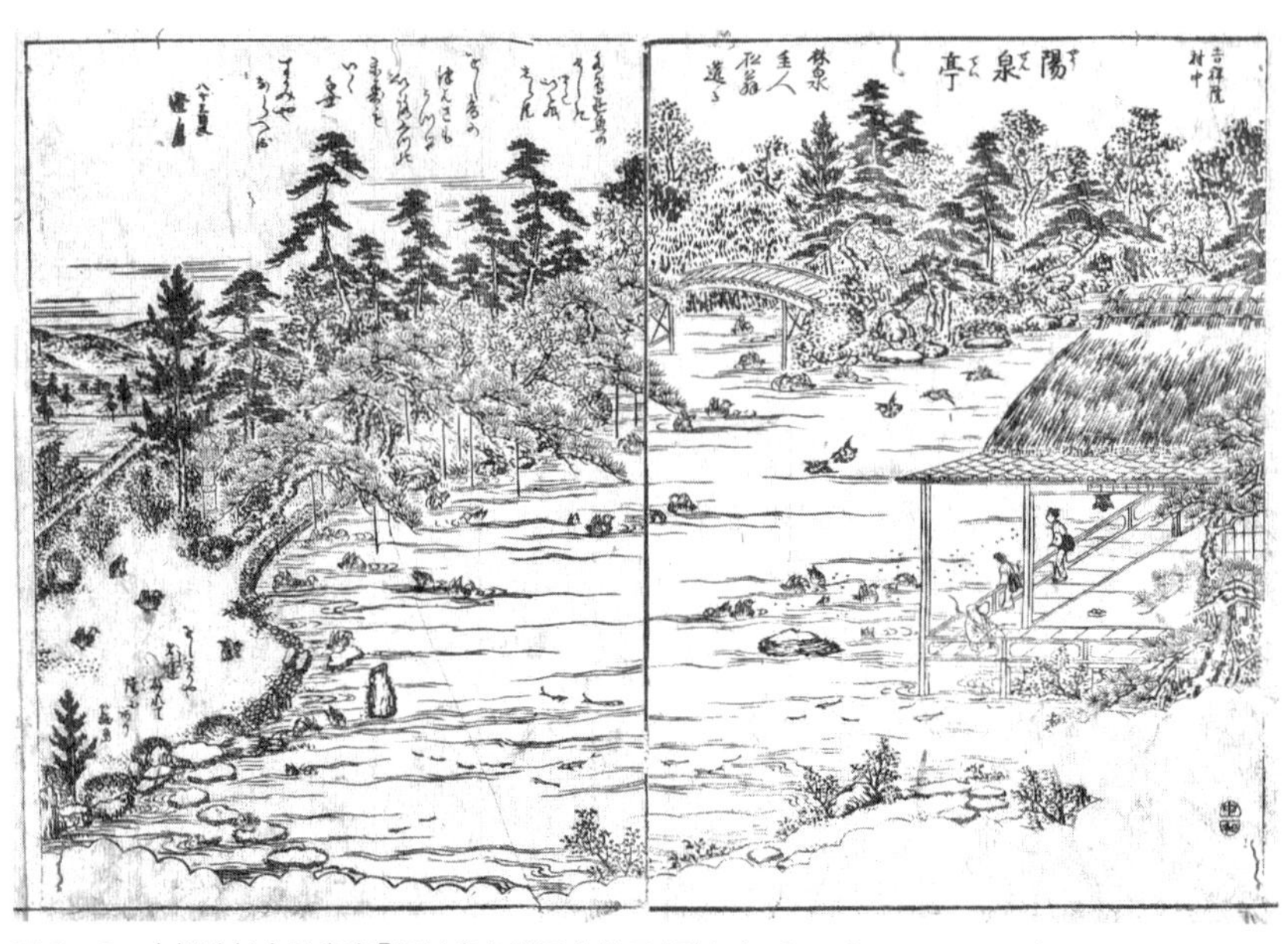

図２－２　吉祥院村内陽泉亭『都林泉名勝図会巻五』所収（日文研データベースより）

ここに紹介されている「陽泉亭」は、木々に囲まれた大きな池（橋懸かりもある）とそれに臨む東屋のような建物・そこに遊ぶ人物などが描かれています。[60]そして上部には「林泉主人松翁造る」と記されています。この庭園の主人である松翁が造園したという意と思われ、この「陽泉亭松翁」という人物と、日向地蔵・大乗仏典塔を寄進した陽泉亭松村徳翁とは関連があるとみられます。

ただし、「都林泉名勝図会」は一七九九（寛政一一）年刊ですからそれ以前から陽泉亭という池泉庭園はあっただろうし、日向地蔵・大乗仏典塔の寄進は一八五九（安政六）年なので、六〇年以上の時間差があります。これを同一人物の業績とみるのは少し無理があると思われ、「陽泉亭」と号した先代（松翁）が庭園を造り、その号を引き継いだ子息？（徳翁）が日向地蔵などを寄進したとみるのが妥当でしょう。

なお、『京都府紀伊郡誌』[61]には、一八七二（明治五）年に創設された吉祥院小学校の前身は、校名が「陽泉亭」だったと記されています。この名称は一八七六（明治九）年に廃され、翌年吉祥院小学校となりました。地元の小柴美仁氏は、最初の校名はその母胎となった寺子屋の名称ではないかと推定されています。また現在の吉祥院小学校校庭に一九六七（昭和四二）年卒業生による「創立百二十年記念植樹」の碑があり、これが前身（寺子屋？）の創立年を起点としているとすれば、それは一八四七（弘化四）年で、日向地蔵・大乗妙典塔寄進の一一年前ということになります[62]。これらを総合すると、「陽泉亭」は江戸末期に吉祥院村の教育・文化面で多大な影響力を持っていた篤志家（二代？）の通称であり、寺子屋名や池泉庭園名にもなっていたと解されます。また日向地蔵・大乗妙典塔の寄進も、この人物の幅広い活動の一つとして捉えられると思います。

日向地蔵と日向大神宮

西ノ茶屋町という地域社会と日向地蔵との関係について、これからいくつかのことを述べていきたいのですが、その前に「日向地蔵」というネーミングについて少し考察しておこうと思います。いま地元・西ノ茶屋町では、単に「お地蔵さん」と呼ばれ、フルネームをいう時は「ひむきじぞう」と読まれていますが、その名称の由来について特に史料や伝承は残っていないようです。

私は、洛東・粟田口にある日向大神宮（ひむかいだいじんぐう）に着目しました。この神社と吉祥院の日向地蔵とは立地条件が似ていると思うのです。日向大神宮は、京都市山科区日ノ岡一切経谷町にあります。東山区との境界に近く、かつての山城国宇治郡の北端（愛宕郡との境界）に位置しています。社伝によると、第二三代顕宗天皇の命により筑紫日向の高千穂峯神蹟を移して創建されたが、応仁の乱などの戦火によって荒廃し長く祭祀が途絶えていた。近世になって再建され、再び朝野の信仰を集めるに至ったとされています。境内には「内宮」「外宮」や「伊勢神宮遥拝所」「天岩戸」などもあり、「京のお伊勢さん」として参拝されるようになりました[63]。このためか、江戸時代の京都案内類の中には、「粟田口神明社」「日山神明宮」などと記され、式内社である往古の日向神社とは別の社として扱っているものもあります[64]。

写真２－７　日向大神宮一の鳥居。安養寺の石柱もある

それはさておき、日向大神宮は江戸時代後期には京都では有名な神社になっていました。そして、東海道の粟田口との関連が強くなっていたと思います。「粟田口」は旧村名にもなり、現在も町名などで使われていますが、狭義には東海道が蹴上あたりで日ノ岡にかけて登りにかかる一帯を指しました。京から旅立つ人にとっても、これから京に入る人にとっても、平地と山の地形遷移点であり、「境界」を意識させられる場所でした。

そこに、日向大神宮の「一ノ鳥居」があります。神社へはここから長い参道が続いているのですが、この一ノ鳥居の存在により、日向大神宮には「境界・粟田口の守護」という属性が付加されていると思います。

そして、一ノ鳥居付近には、京都でも有名な茶店が数軒ありました。『再撰花洛名勝図会　東山之部巻二』（一八六四（元治元）年刊）には、「蹴上茶店」の項に「日神明の鳥居前にあり蹴上の水の名によりこの地名をも蹴上といふ街道の左右に茶店建つなり就中藤屋井筒屋加賀屋弓屋等ハ座舗および庭前ことに美観なり」「此地ハ京師三條通白河橋より粟田大路を経て大津の驛にいたる官道にして四時ともに旅客往還間断なく吾妻よりの上下里の還迎ひ伊勢参宮の坂迎ひなどの別々賑わしく此茶店に集ひて酒莚を催し歌ふあり舞うあり或ハ留別餞別の詩歌を送るも多くあり……」などと記して、さらに見開き三双にわたって藤屋、井筒屋、弓屋という三軒の茶屋風景を掲載しています。東海道を行き来する旅人や車馬（車石も描かれている）、街道を挟んで井筒屋、ふぢや、弓屋があり、弓屋の西には神明一ノ鳥居があります。そして、鳥居から続く参道の右手に滝などもある弓屋の庭園が描かれています。東海道を下る旅の安全を祈願するため、参道を登って日向神宮に参拝した旅人もいたことでしょう。

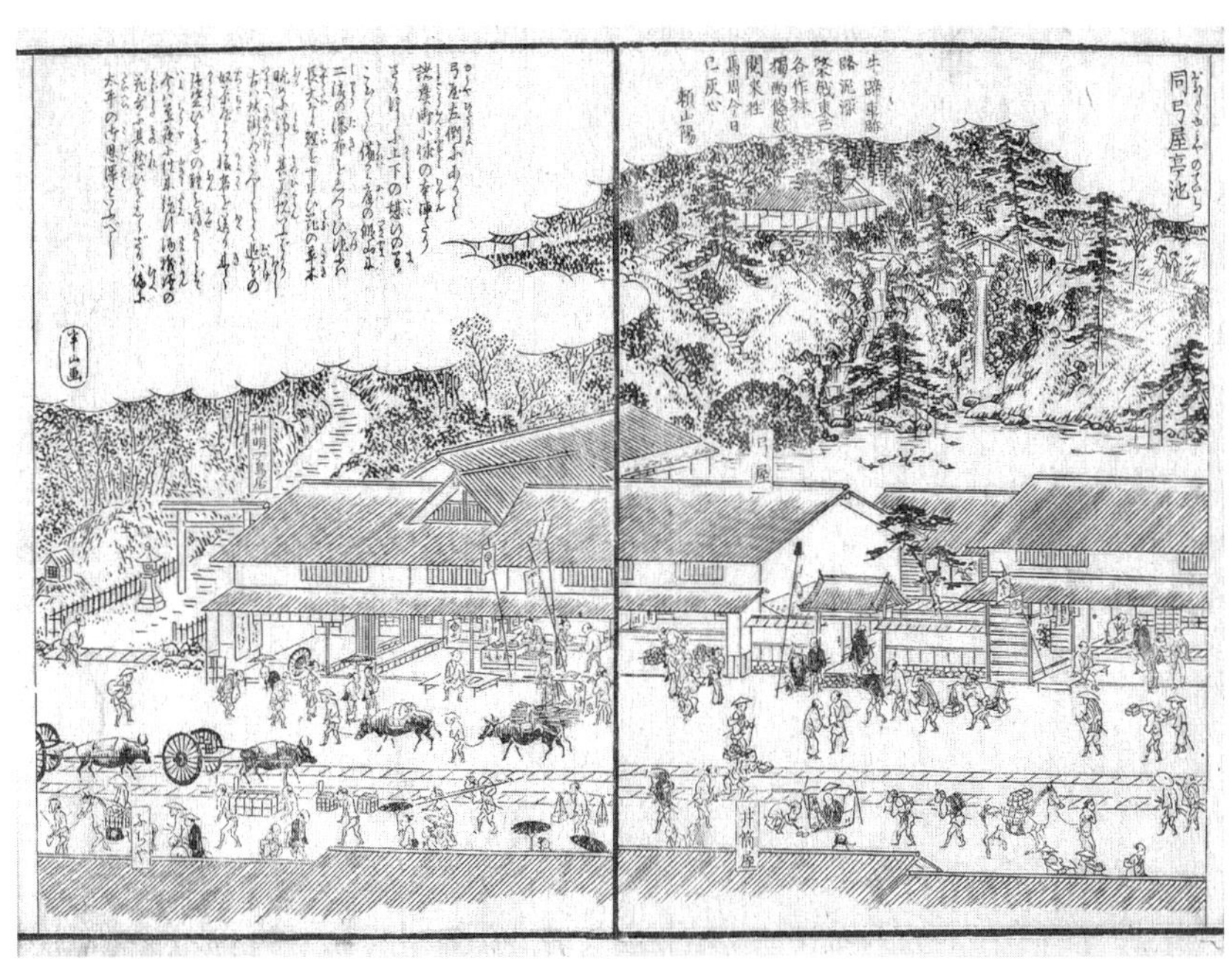

図２−３　弓屋亭池図『再撰花洛名勝図会　東山之部巻二』所収（日文研データベースより）

ここから先は想像の世界になるのですが、一八五八（安政五）年に陽泉亭松村徳翁が西ノ茶屋町に地蔵（堂）[65]と大乗妙典塔を寄進する際、開眼する地蔵尊のネーミングに関し、粟田口の日向神宮を意識したのではないかと思うのです。京都の出入り口（境界）・そこにある茶屋・そして境界を守護する社寺というセットを考えたとき、「東海道粟田口・弓屋などの茶屋・日向神宮」に対し、「西国街道吉祥院・西ノ茶屋・日向地蔵」という組み合わせを着想したのではないのでしょうか。

これは私の勝手な想像で何の根拠もありません。しかしこのように考えると、日向地蔵には、当初西国街道の京への出入り口と、そこを往く旅人を護って頂くお地蔵様という位置付けがあったことが浮び上るのではないかと思うのです。

なお、日向地蔵と同時に寄進された「大乗妙典塔」ですが、その地下に経文の字を一字ずつ記した小石が埋められました。この「経文を埋

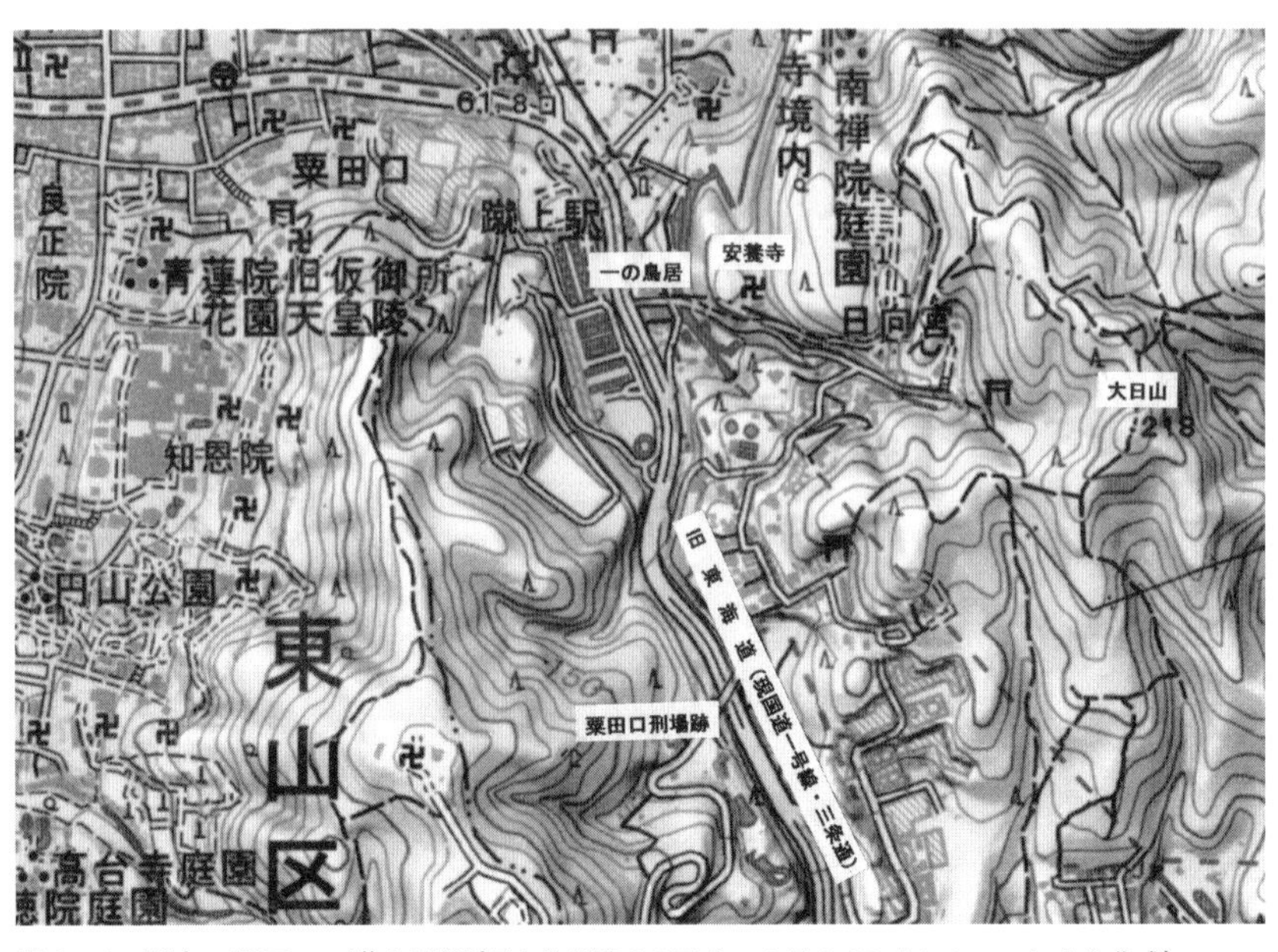

図２－４　現在の粟田口・蹴上周辺（国土地理院 2.5 万分ノ１図＋ 3D カシミールにより作成）

める」という行為からは、桓武天皇が平安遷都の際、王城鎮護のため都の四隅に経典を収めた石筒（経筒）を埋めさせたという伝承が想起されます。「四隅」とは、北岩倉（現在の左京区岩倉北方）、西岩倉（西山金蔵寺）、南岩倉（明王院または男山）そして東岩倉は大日山（東岩倉山とも称される）といわれています。その大日山から流下する谷川が「一切経谷川」です。そしてこの谷に日向大神宮と安養寺があるのです。安養寺は円仁（慈覚大師：七九四～八六四）によって開かれ、比叡山延暦寺の別所で「一切経堂」と呼ばれたと伝えられます。また山号を「青龍山」といいますが、これは平安京を「四神相応の地」[66]とみるとき、東の守りが青龍であることに由来するのでしょう。

つまり、粟田口は京都の東の境界であり、そこを守護するのは日向神宮（神道）と東岩倉・安養寺（仏教）であるという認識が江戸時代後期には成立していたと考えます。

陽泉亭徳翁さんは知識人ですから、これらの故事を知っていたはずです。日向地蔵と大乗仏典塔をセットで寄進するという行為の背景には、洛東・粟田口の風景とそれが内包する「境界」としての長い歴史を、「境界」としては新興地である吉祥院に移入する、という動機があったのではないかと思うのです。

日向地蔵の受難と再生

吉祥院日向地蔵・大乗妙典塔が建てられた安政五年という年は、明治維新まであと十年という幕末期にあたります。この年の六月に日米修好通商条約が締結され、開国派と攘夷派の対立が激化、九月には安政の大獄が始まり一二月には吉田松陰が入獄。この年の夏には長崎からコレラ流行が波及し京都でも多数の死者が出ました[67]。また金の海外流出に伴うハイパーインフレが起こり、庶民の暮らしは窮迫しました。このような世相なので、地域の篤志家である陽泉亭徳翁さんは、日向地蔵・大乗妙典塔の建立にこの地の人々の暮らしの安寧と民心の安定を願う気持ちを込められたことは想像に難くありません。ただ、それだけではなく、日向地蔵には西国街道沿道西ノ茶屋で京都の境界を護るお地蔵さんという意味付けもあっただろうと思うのです。

既に記したように西ノ茶屋町では以前から念仏講が行われている土地柄だったので、地蔵（堂）や仏典塔は土地の人たちも喜んで受け入れたと思われます。

ところが、明治維新の激動が過ぎると新政府の宗教政策に起因して廃仏毀釈の嵐が吹き荒れるようになりました。京都でも、第二代知事・槇村正直は特に強硬で、京都の仏教界を激震が襲いました。南禅寺や青蓮院など格式高いお寺でも、社領が上知（没収）された上境外の塔頭寺院はほとんど廃寺になりました[68]。

一八七一（明治四）年一〇月、京都府は「在来之堂祠偶像等早々取除可申事」という布達を出し、路傍のお地蔵さんなどの撤去を命じてきました。実際このとき大量の地蔵堂祠が破却され、石地蔵が割られたり捨てられたのです。京都府はその二年前の一八六九（明治二）年に全国に先駆け京都市中に六十四校の「番組小学校」を開設させていたので、「堂祠其他売却相成ものハ、売払代料其組小学校へ相納置可申、石像等売却不相成ものハ、同断小学校へ取片付置可申事」と地蔵堂などを売り払った代金は小学校に寄付し、売れない石像などは同じく小学校に片付けるよう厳命してきました。また翌一八七二（明治五）年七月には、盂蘭盆会や六斎念仏など、在来の仏教行事を禁止する布令も出しています[69]。

吉祥院村も京都市中に近いので、日向地蔵が破壊される危機感がひしひしと伝わったのでしょう。地元の人たちは日向地蔵と大乗妙典塔を急いで隠しました。地蔵はおそらく近所の民家の庭先などに埋めたのではないかと推測されます。

しかし、廃仏毀釈の荒波はそれほど長くは続きませんでした。一八八三（明治一六）年七月二三日、京都府は北垣国通（第三代）知事名で一八七二（明治五）七月の布令を取り消す布達を出し、これをきっかけに京都市中でも地蔵盆などの行事が急速に復活したのです[70]。西ノ茶屋町でもさっそく日向地蔵を復旧したようです。この間の経緯について、「日向地蔵尊縁起」には次のように記されています。

由緒
往昔より日向地蔵尊と崇め奉り世人安産を祈り疫癘厄難の息滅を請して霊験を蒙るもの後を絶えず
明治拾二三年（ママ）頃廃仏毀釈の悪風伝わるや時の槇村知事は石仏狩りなる暴令を出して没収につとむ此の尊もその難を免れず村の信者驚きて俄かに抱えてつりて僻（ママ）難せり
数年の後事止み還り安置し給う
その後五十余年今日此の地域より一小礫に護字の墨記されたるを探し得更に数斗の小石に一々経文字の記されたるが掘出されさてはと古老の言を含みその暴令当時に散失せし一字一石大乗妙典塔を探し出せり
在所には相当の石品を換え贈りぬ
今は之も此処に還着し給う

依て信徒有志者相集り地蔵堂を修理し大乗妙典塔下に一字一石の経文礫を龕し繞すに玉垣を以てし石階を畳み植樹風致清浄ならしむ
塔背に知る安政五年十月建立松村徳翁居士書写功徳の信意にも相叶いたり
之れ偏に列名信者の熱誠の致す所なる
尊は永く古の信者等を影功向し在す
大乗妙典とは恐くは此の大功徳も蓮花と倶に地上に湧出開敷し給うを尓云う

法末　善弘記

昭和四年十月十日

（書き下し文を現代表記に改めてある[71]）

写真２－８　日向地蔵由緒

この縁起は、一九二九（昭和四）年大乗仏典塔が復旧された際、近隣の香泉寺住職が記し現在も銅板に刻されて日向地蔵境内に置かれています。

ここにも記されているように、一九二九（昭和四）年に日向地蔵の近くから経文の一字が墨書された小石が見つかったのをきっかけに、これもどこかに隠されていた大乗妙典塔が探し出されたのです。「在所には相当の石品を換え贈りぬ」と記されていることから、多分庭石か何かにされていたのでしょう。

そしてここには書かれていませんが、一九一三（大正二）年に地蔵堂が新築された記録があるので、一八八三（明治一六）年頃再び祭られた日向地蔵のお堂がその頃には傷んでいたのかもしれません。

こうして一九二九（昭和四）年には日向地蔵（堂）と大乗仏典塔が揃い、縁起文中にもあるように周辺整備もされました。この事業に必要な経費は近隣の人たちが負担し、玉垣・植木など現物提供や労力奉仕など、地元を挙げて取り組まれたのでした。

以後この地は近在の人たちにとっては厄除けや安産を祈願したり、子どもたちの遊び場、とりわけ夏の地蔵盆の会場として親しまれ、大切に守られてきました。

しかし、戦後になると国道一七一号線が開通（一九五三（昭和二八）年）し、西国街道の交通路としての重要度は低下していきました。

日向地蔵再びの危機

日向地蔵境内では毎年八月二三・二四日頃町内行事として地蔵盆が行われていました。堂前に結構広い空地が確保されているのは、ここにテントを張って僧侶に読経してもらったり、子どもたちがおやつをもらったり、遊んだりする場所が必要だからです。テントなど「地蔵盆用品」を格納しておく倉庫も境内の中にありました。

一九七八（昭和五三）年の地蔵盆を間近に控えた八月一八日、日向地蔵の敷地境界に突然有刺鉄線が張られ、立ち入り禁止と（地蔵堂などの）移転を要求する立札が立てられました。町内会役員の人たちが驚愕して善後策を協議していたところ、不動産業者が現れこの土地は当社が買い取ったので直ちに地蔵堂などを撤去してほしいと要求してきました。町役員が地主に確かめたところ、複雑な事情があってこの土地は所有者が転々と変わっていることが分かりました。そして登記簿などで調べたところ、立ち退き要求をしてきた不動産業者も京都府に差し押さえられ、別の所有者が買収、さらにこの間金融業者がこの土地に抵当権を設定していることなどが分かりました。町役員の人たちは京都市教育委員会や警察、新聞社などに状況を説明し、相談しましたが何れも迅速な

写真２－９　西ノ茶屋会館（集会所）

写真２－10　「日向地蔵尊縁起と記録」（西ノ茶屋町内会所蔵）

対応はしてくれなかったようです。

この間不動産業者は連日町役員に対し敷地の明け渡しを催促してきました。元所有者から明け渡しを条件に買い取ったので、即地蔵堂などを撤去するよう繰り返し要求してきたのです。これに対し町役員側は、西ノ茶屋会館（集会所）に業者を呼び、明け渡しを条件とした売買は事実無根であり（元所有者に確認）所有権が移転したとしても持ち主は町内会に引き続き無償で貸与する義務があること、町内会としては地蔵堂撤去の意思は全くないことなどを通告し、この会談の様子を録音して心配する町内の人たちに聞いてもらい、動揺を抑えるなど必死の対応が続きました。町役員は連日連夜会合し、この状況を一時的に打開できたとしても弥縫的な対応では禍根を後に残すことになり地蔵尊や祖先にも申し訳が立たないので、根本的な解決を目指すことで意思統一しています。

このように一進一退の状況の中で、町役員の一人から一定金額を負担する用意があるので、町内として敷地を買収する方向で話を進めたいとの提案がありました。これを受けて不動産業者と交渉したが金額面で折り合わないまま翌一九七九（昭和五四）年一月、一旦交渉は打ち切られました。緊迫した状況が続く中で越年し、問題発生から五か月以上が経過していました。

そのうち、抵当権を設定している金融業者から連絡があり、金額を提示してこの額で買えないなら直ちに地蔵堂などを撤去すると通告してきました。町内側は、ようやく実質的所有者が前面に出てきたのでこの機に何とか話を纏める決意をし、資金負担を申し出た役員は負担額を増額、町内の人たち等からも資金拠出が相次いだ結果先方との交渉が本格化し、仲介してくれる人もあってようやく金額面で折り合いがつき、この土地を買い取る手続きができたのです。

宗教法人を設立して登記する案も検討されましたが、時間がかかるため取りあえず当時の町内会役員五名の名義で不動産登記され、激動の五ヶ月余に終止符が打たれました。この間資金を拠出した近隣の人たちは一四〇人におよび拠出金額は五八〇万円以上に達しました。(72)

八九年ぶりの新築

このようにして、日向地蔵は文字通り西ノ茶屋町のシンボルとして定着し地域の人たちに自分たちのお地蔵さんとして親しまれるようになりました。二〇〇二(平成一四)年には従来日向地蔵敷地が五名の個人名で登記されていたものを、西ノ茶屋町内会を法人として登記し名義変更をしました。(73) 地方自治法が改正され、従来は法人格を持てなかった自治会・町内会が「地縁による団体」として法人化できるようになったためです。また土地所有者である町内会は、日向地蔵敷地の固定資産税を免除されていますが、それは日向地蔵境内に防災器具庫(74)があり、その用地として認定されているためです。このように、その時々の町内会役員や地域の主だった人たちが知恵と労力を出し合い、場合によっては相当額のお金も出し合って日向地蔵を守ってきたのです。これは、日向地蔵が信仰の対象というだけではなく、地域社会の結集軸として地元の人たちに共有されるに至った結果といえるでしょう。

この間、日向地蔵は近隣の人たちによって維持管理され、掃除も行き届き、堂前には季節の花のお供えが絶えることはなかったのですが、昭和四年に建てられた堂舎は次第に老朽化し、少し傾いてきたため両側から斜めに支柱を立てて補強するなどの対応がされていました。屋根瓦も傷みが目立ってきました。このようになることを見越して町内会では修繕積立てが続けられてきたのですが、その額も相当額に達してきたので、補修事業が行われることになりました。それにあたって改めて寄付を募ったところ、二三四万円余が集まり、町内会の積立金約五百万円と合わせ、七百万円余という予算による大規模な改修事業が行われることになりました。工事が始まったのは二〇一八（平成三〇）年一月です。

写真２－11　改修前の日向地蔵　2017年4月24日撮影

大乗仏典塔の発掘調査

改修工事は地蔵堂の建て直しだけでなく、敷地内の石碑・石仏・供養塔などの再配置や西側擁壁の補強など多岐にわたりました。大乗妙典塔も土台部分から補修されることになり、四月一三日に石塔が移設されたのを機に京都市文化財保護課による発掘調査が行われました。すると、地中から直径四五センチ、高さ一七センチの石の容器が出てきました。中には「佛」や「若」などの字が墨で書かれた小石二一五個と寛永通宝一枚が入っていました。地元では幕末の鳥羽伏見の戦いの際、敗走する幕府軍兵士がここの地中に刀や槍を埋めたという言い伝えがあったのですが、そういった武器の類は出てきませんでした（『京都新聞』二〇一八年四月一四日朝刊記事より）。

このとき出土した経文の一字が墨書された小石入りの石筒は、やはり平安京の四隅に埋められたという「経筒」に倣ったものではないかと私は思います。

なお、日向地蔵境内は大乗妙典塔だけでなく、小石仏、五輪塔（供養塔）などおそらく他所にあったものも移設されたりして、いわばこの地域のタイムカプセルのような場所になっています。また石の五輪塔もありますが、「一石五輪塔(75)」という比較的古い様式のものもあり、この村の歴史は西国街道開通より遡るのかもしれません。

それから、「支那事変記念碑」というのも建っています。裏側面などの刻字が摩耗して見にくくなっているのですが、裏面は「昭和一四年」と読めます。盧溝橋事件発生が昭和一二年なので、その二年後戦意高揚のため建てられたものか。

また、先にやや詳しく述べた一九七八（昭和五三）年の危機克服の過程についても、概要が記された石柱が建てられています。このように見てくると、日向地蔵境内には近世初〜現代に至るこの地の歴史が凝縮されているといえるでしょう。

写真２－12　大乗仏典塔（改修後）

写真２－13　1978（昭和 53）年町内による敷地買収を記録した石柱

二〇一八（平成三〇）年の大改修に際して、以前ここになかった物が二つ付け加えられました。それは新しい「西国街道」道標と、手押しポンプです。「西国街道」道標は頂部に英語表記もあって、外国人も含め西国街道を歩く人にも親しんでもらえるようという意図が感じられます。

手押しポンプには電動モーターポンプも付設されています。私はこれを新しく設置した意図を、改修事業の中心になった西ノ茶屋町内会長の小柴美仁さんと、代表の長谷川善春さん（役職は当時）に聞いてみました[76]。

小柴さんは、まず二つの理由を挙げられました。一つ目は、「自前の水」が欲しかったこと。従来日向地蔵境内には水道がなく、地蔵盆の時など近隣の家から水道水を借りていたので、境内に水源が欲しいという声が前からあったそうです。二つ目は、手押しポンプは停電しても使えるので、いざというときの町内の非常用水源として確保しておくこと。

写真２－14　日向地蔵前に新設された手押しポンプ

長谷川さんもそれは同意見で、プラス自分たちの子どもの頃のポンプの思い出を語られました。近くに農業用水をくみ上げるポンプ小屋がありそこでよく遊んだこと、汲み上げられた水はとても冷たくて、夏にはスイカやトマトなどを冷やして食べたことなど。小柴さんも、そのポンプ小屋のことは子ども期の自分の原風景として脳裏にあるとのことでした。そして、手押しポンプというのは今の四十代の人でも知らないという状態なので、子どもたちにガチャガチャとポンプを押したりして遊んでほしいと話されました。

お二人が手押しポンプ新設に込められた思いは、現実的な用途（自前の水・非常用水源）の他に、この土地の懐かしい原風景を今の若い世代や子どもたちに伝えたい、日向地蔵という地域のタイムカプセルに、かつての暮らしの（便利さとは換え難い）豊かさを残しておきたいという思いがあったのでしょう。それは他の同世代以上の人たちにも共有されていたので、ポンプ設置が実現したのだと思います。

日向地蔵の歴史をできる限り詳しく見てきましたが、陽泉亭徳翁さんによって設置された当時は、地域の安寧だけでなく西国街道の京の出入り口を守護してもらうという願いもあったと思います。しかし西国街道に旅人が通らなくなるとともに、この地の都市近郊化が急速に進みました。ただしそこは元々の街場ではなく農村としての地域特性も色濃く残していました。地蔵堂が狭くはない境内を持っていて、そこが失われる危機に際し土地の人たちが強く結束して乗り越えた経緯（一九七八（昭和五三）・七九（五四）年）には、農村的な共同体の力を感じます。今回の大改修（二〇一八（平成三〇）年）はそれに比べもう少し違う要素があるような気がします。例えば、手押しポンプや新道標の設置に見られるように、失われつつある近郊農村・旧街道沿いの風景やその中での暮らしぶりなどを、今の若い世代にも伝え後世に残したいという意図が感じられます。

日向地蔵の歴史は、そのまま吉祥院西ノ茶屋町が京都の坤境界として辿った歴史です。この地が「境界」であることは昔も今も変わっていないと思いますが、「境界」の内実は、これからも変わり続けることでしょう。

【注】

（1）仏教の守護神とされる天部の一つ。ヒンドゥー教の女神であるラクシュミーが仏教に取り入れられたとされる。
（2）奈良市菅原町に菅原神社（式内社）があり、そこはいま菅原天満宮として道真が祀られている。
（3）『京都市の地名』日本歴史地名大系二七、平凡社一九七九。
（4）毎月八、一四、一五、二三、二九、三〇日。仏の教えを特に守り精進する日とされる。
（5）石田房一「吉祥院学区における『人権のまちづくり運動』の可能性と課題」【NPO法人ふれあいネットワークの活動を通して見えてきたもの】総会基調講演資料二〇一三・五。
（6）伊能忠敬（一七四五～一八一八）を隊長とする測量隊が全国を踏破して作成した日本最初の実測地図。測量隊が京都に入ったのは一八〇五（文化二）年閏八月五日。
（7）藍染め職人。かつて河原者の配下だったとされ、被差別民として刑吏役を課されていた。
（8）『世界大百科事典第二版』https://kotobank.jp/word/%E9%9B%8D%E5%B7%9E%E5%BA%9C%E5%BF%97-145708　二〇二〇年五月一七日閲覧。
（9）長谷川奨悟「『雍州府志』にみる黒川道祐の古跡観」（『歴史地理学』五一-三　二〇〇九・六）。
（10）一八〇一（享和元）年『雑色要録』によれば、非人小屋は御土居内に九ヶ所、御土居外に六〇ヶ所、計六九ヶ所あった。
（11）蝉丸忌については「日次紀事」九月二四日の項にも記載があり、「蝉丸を以て乞丐人の祖と為す。嗚呼痛しい哉」などと記されている。
（12）源俊頼（一〇五五〜一一二九）による歌論。一一一三（天永四または永久元）年成立か。
（13）平安時代末期に成立した説話集。全三一巻。
（14）仁明天皇の第四皇子。八三一〜八七二。盲人の職能組織である当道の祖とされる。晩年山科に隠棲し「山科宮」と呼ばれた。
（15）鎌倉末期に成立した語り芸。江戸期には小屋掛け公演もされたが多くは大道芸で、説経節語りはササラを擦りながら「小栗判官」などを語った。
（16）関清水蝉丸神社の来歴などについての詳細は、拙著『京都の坂―洛中と洛外の「境界」をめぐる』（明石書店）第二章「逢坂」参照。
（17）罪人の首を刎ねる「又次郎」役は主に天部・六条村（まれに川崎村）の人が務めた。
（18）「京都御役所向大概覚書」（一七一七（享保二）年）によれば「近在穢多十三ヶ村之義、粟田口幷西土手斬罪役義は相勤不申、牢屋敷外番役計相勤申候」とある。
（19）京都帝国大学教授などを歴任。日本歴史地理研究会（現日本歴史地理学会）の創設メンバー。
（20）喜田は書き下し文で引用しているが、ここでは『訓読日本三代実録』竹田祐吉他訳、臨川書店一九八六によった。
（21）八一〇（光仁元）年に設置された令外官。京都内外の治安維持や訴訟・裁判などを担当した。
（22）丹生谷哲一『検非違使―中世のけがれと権力』平凡社ライブラリー二〇〇八、二五ページ。
（23）同前。二五ページ。
（24）単一の荘園領主による排他的な支配が成立している荘園。
（25）丹生谷哲一「山城国紀伊郡石原荘の形成をめぐって―一円性所領成立の一要因」。
（26）京都部落史研究所編。阿吽社刊。

(27)「諸色留帳」一七〇一（元禄一四）年八月。
(28)前の事件は一六五一（慶安四）年のことなので、当文書の日付（一七〇一（元禄一四）年）からいえば五〇年前になる。
(29)下村家三代目。一七〇八（宝永五）年に死去。穢多頭としての下村家は断絶した。
(30)「京都御役所向大概覚書」一七一五（正徳五）年。洛外穢多家数・人数之事。
(31)同じ年、市中に近い穢多村・六条村は一八八軒・七八九人、天部村は一三八軒・五九〇人であった。
(32)この伝承については、例えば渡辺毅「六斎の近・現代史探訪」（『獅子の如く』吉祥院六斎歴史研究会二〇一三）に記されている。
(33)『京都の部落史八史料近代三』京都部落史研究所一九八七、四二一ページ。
(34)一九三二（昭和七）年度から一九四一（昭和一六）年度の一〇年間で、四〇年度を除き毎年吉祥院菅原町対象の事業予算がつき、その総額は二一七五四円に及んでいる（高野二〇〇九、表七‐七 A、B）。
(35)一八九二（明治二五）年勇山組から独立。伏見・京町に事務所を構え、配下に六〇名の「内輪」（独立の親分）がいて、それぞれが二〇～二〇〇人の子分を持っていた。建築業では常に数千人以上を使役していたとされる（鈴木良『水平社創立の研究』部落問題研究所二〇〇五、二六三ページ）。
(36)一九一九（大正八）年結成。関東・関西の侠客を結集した右翼団体。奈良などでは水平社との対立抗争事件が起こった。
(37)高野二〇〇九、第七章表七‐三。
(38)同前。第七章表七‐六。
(39)同前。第七章一七〇、一八一ページ。
(40)開通当時、今の大宮駅は「京阪京都駅」と称されていた。
(41)高野二〇〇九、第七章一八九～一九一ページ。
(42)「チャワン」または「チャワン会」ともいわれた。
(43)「伝統芸能吉祥院六斎念仏踊り」（『獅子の如く』創刊号二〇一三、三三一ページ）。
(44)相原進「民俗芸能の保存と後継者育成問題―京都市内における『六斎念仏』の保存活動を事例に」（『立命館産業社会論集』三九巻三号二〇〇三）。
(45)渡辺毅「六斎の近・現代史探訪」（『獅子の如く』六九ページ）。
(46)京都近郊の六斎念仏講が八月の観音縁日に清水寺に集まり、舞台で六斎念仏を奉納する習わしは、江戸時代中期から『成就院日記』などの史料にみえる。（本多健一『中近世京都の祭礼と空間構造』第八章、吉川弘文館二〇一二）なお、一時期中断されていたが二〇〇四（平成一六）年に復活し、八月の盂蘭盆会に際し、上鳥羽六斎講と中堂寺六斎講が清水の舞台で六斎念仏を奉納している。

(47)『獅子の如く』一三～一四ページ。

(48)地蔵盆での各町内での六斎念仏奉納では、最後に東寺口の矢負地蔵の前で演じるしきたりがあったという（『獅子の如く』三二ページ）。

(49)相原二〇〇三、五七ページ。

(50)同前。五九ページ。

(51)予め質問項目を知らせ、基本的にそれに基づいて話を進める半構造化インタビュー形式によった。二〇一七（平成二九）年一一月八日実施。後日、補足的聞き取りも実施。

(52)吉祥院、久世など一五の六斎念仏保存会と、その連合体を合わせて一六の団体が指定を受けた。

(53)同和対策事業特別措置法は一九六九（昭和四四）年から一〇年間の時限立法だったが三年間延長された。さらに一九八二（昭和五七）年地域改善対策特別措置法（地対法）が制定され、二〇〇二（平成一四）年に国の同和対策事業は終結した。

(54)同和対策事業としてコミュニティセンター（旧隣保館）等と合わせて設置された。吉祥院では一九八三（昭和五八）年開館。現在は、吉祥院いきいき市民活動センターの別館として使われている。

(55)【NPO法人ふれあい吉祥院ネットワークの活動を通して見えてきたもの】総会基調講演資料二〇一三・五。

(56)第一回：子どもの安全安心、第二回：高齢者の安全安心、第三回：まとめ。

(57)行政上の町名と、西ノ茶屋町内会の範囲とは異なる。後者には吉祥院西ノ茶屋町一～八四番地の他に、吉祥院西浦町、吉祥院池ノ内町、吉祥院這登西町の一部が含まれる。

(58)西ノ茶屋町内会元会長・小柴美仁氏のご教示による。

(59)秋里籬島著、挿絵奥文鳴他、京都吉野家為八、江戸須磨屋善五郎刊。庭園を中心に取り上げているのが特徴。

(60)この苑池は現存しないが、小柴美仁氏は今の吉祥院池ノ内町付近にあったのではと推定されている。

(61)京都府紀伊郡、一九一五（大正四）年刊。

(62)『日向地蔵整備完成記念』西ノ茶屋町内会日向地蔵整備実行委員会二〇一八・七。

(63)境内には「菅公胞衣所」もある。

(64)伴信友『神名帳考証』（一八一三（文化一〇））では、式内社・日向神社は日野（現山科区）にあったとしている。

(65)この時点で地蔵堂が建てられたかどうかは確認できないが、近辺の路傍にあった石仏や道祖神、供養塔などが日向地蔵周辺に集められたと思われる。

(66)大地の四方の方角を司る「四神」東―青龍、南―朱雀、西―白虎、北―玄武の存在にふさわしいとみられる地勢・地相であること。

(67)この時江戸では死者が三万人以上出たという。「天下大変資料に見る江戸時代の災害」『安政箇労痢流行記』国立公文書館 www.archives.go.jp/exhibition/digital/tenkataihen/epidemic/contents/50/index.html 二〇二〇年五月一七日閲覧。

(68)本書第三章一五五ページ参照。

(69)村上紀夫『京都地蔵盆の歴史』法藏館二〇一七、一二五〜一三三ページ。

(70)村上二〇一七、一四六〜一五三ページ。

(71)『日向地蔵整備完成記念』西の茶屋町内会日向地蔵整備実行委員会二〇一八・七より。

(72)「敷地騒動顛末記」(『日向地蔵尊縁起と記録』昭和五三年手書きの記録)西ノ茶屋町内会所蔵。

(73)この時、西ノ茶屋会館の保存登記名義人も五人の個人名から西ノ茶屋町内会に変更された。

(74)倉庫には「地蔵盆用品」なども保管されている。

(75)一つの石から五輪塔の形状を彫り出した小型のもので、鎌倉時代末から近世初に多く造られた。

(76)二〇一九(令和元)年一二月二一日、現地にて著者聞き取り。なお、長谷川善春さんは、二〇二三年八月にご逝去されたとのこと。謹んでお悔みします。

第三章
桂川に北面する久世

久世大日堂跡に残る石地蔵

久世は、吉祥院とは桂川を挟んで対岸（右岸）になります。今は同じ京都市南区ですが、一九五九（昭和三四）年に京都市南区に編入されるまでは乙訓郡久世町でした。吉祥院は紀伊郡だったので、郡も異なっていたのです。久世は、京都からみれば桂川を越える分だけ「郊外」性が高くなりますが、かといって完全に京都の外部かというと、昔からそうではありませんでした。本章で最初に見る元㫝揚村（現在の大築町近辺）は、古代末から都の公家（久我家）と関係が深く、近世には二条城掃除番役や牢屋敷外番役を務めました。次に見る久世殿城町付近にあった大日堂には、京都市中で精神を病んだ人たちが逗留し、癒しの場になっていました。また上久世にある綾戸國中神社からは、近世以来現在に至るまで祇園祭の神輿渡御を先導する久世駒形稚児が出ています。このように、京都中心部にとって、なくてはならない役割を果たしてきたこの地の、歴史と現在を見ていきます。

一、久世大築町近辺

清目の田畑

桂川中下流の平野では、古代以降条里地割が行われ、今もその痕跡が比較的よく残っています。原則として桂川の西（右岸）では乙訓郡、東（左岸）では紀伊郡の条里地割が行われました。条里地割は、南北六町（約六五四メートル）の一区画を「里」として、それぞれに固有名詞が付けられていました（図3－1参照）。

この図で、里の名前が縦書きになっているのが乙訓郡、横書きになっているのが紀伊郡ですが、船木里、石作里、笠鹿里、鎌田里などは両郡の境界にあたり、桂川の両岸にまたがっています。

西国街道に注目すると、紀伊郡内の上佐比里・下佐比里を坤（南西）に向かい、乙訓郡の船木里に入って桂川を渡り、笠鹿里をさらに南西行していきます。

さて、それぞれの里の中はさらに六×六＝三六の「坪」（一町＝約一〇九メートル四方）に分けられているのです

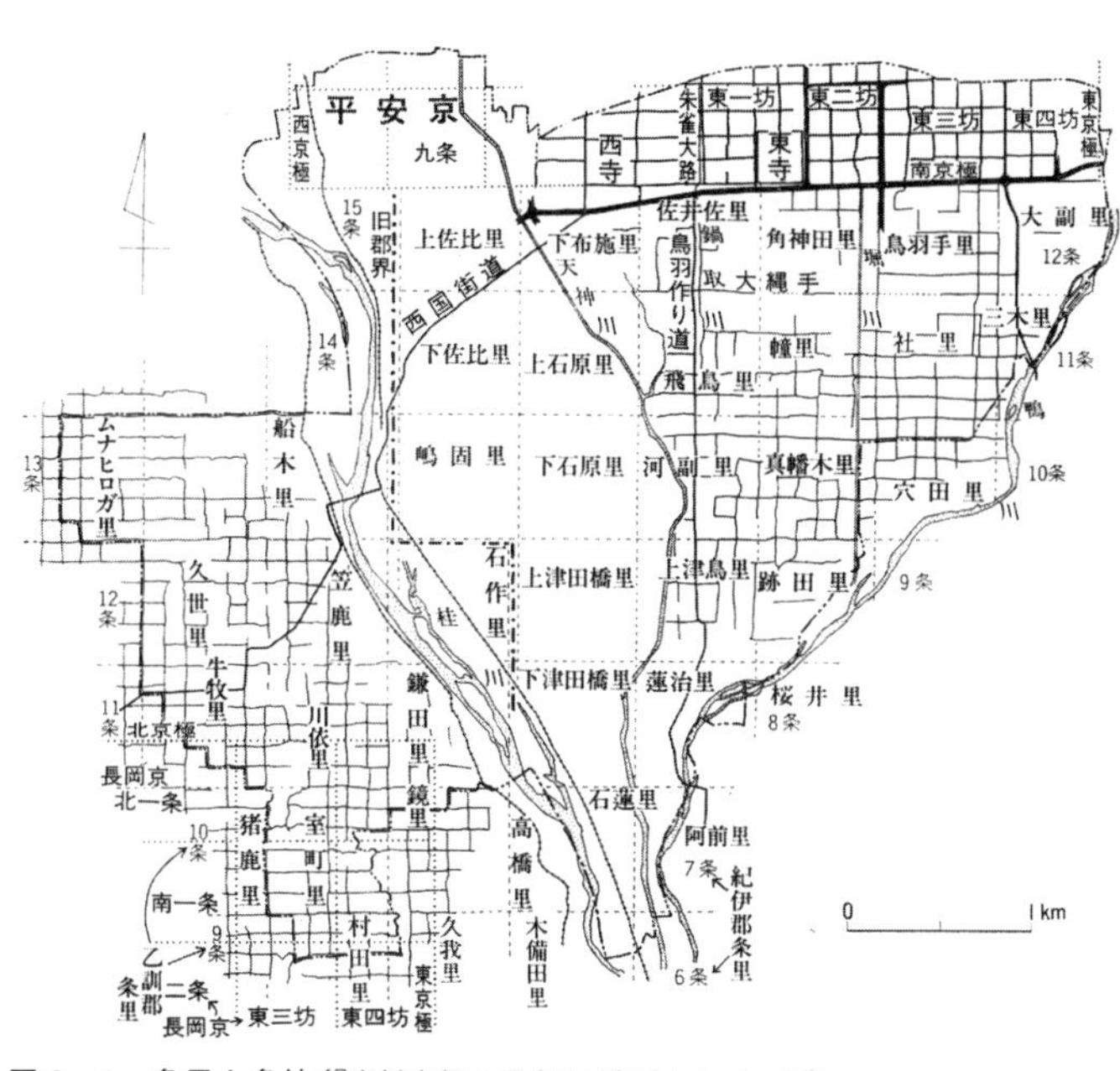

図３－１　条里と条坊（『史料京都の歴史13 南区』9ページ）

が、笠鹿里の二二坪に「清目屋敷」とその作田があるとの記録[1]が残っています。一三九六（応永三）年の史料なので、一四世紀末室町時代です。「清目」というのは、古代末から史料に現れる被差別民の呼称で、貴族たちが死を穢とみる風潮の高まりとともに、人や動物の死体を取り扱うことを職務とする人たちをこの身分名で呼ぶようになりました。彼らはまた公家に直属して屋敷などの清掃業務（これも清目の職能）を行い、その見返りとして免田（年貢免除の耕地）を得ていました。この当時笠鹿里あたりは公家の久我家領（本久世庄）であり、そこにいた清目は久我家邸内の清掃や庭の管理などを行い、与えられた免田で農耕をしていました。

この史料に着目した田良島哲は、同じ地域に関わる史料を時代を追って検討した結果、中世後期にかけても久我家領大藪庄（近世の大藪村）、東久世庄（近世の築山村）の差出帳などに作人として「きよめ」の肩書がある人物名が見え、その耕作地は大藪庄の北部に集中していたことを確認しました。さらに、近世には大藪村と築山村の境界に「かわた村（穢多村）」としての舁揚村が成立し、一七一五（正徳五）年の「京都御役所向大概覚書」には戸数一四戸人口五八人と記録さ

れています。また一七八七（天明七）年の大藪村明細帳には、

一、穢多村有之、築山村領境、大藪村領境有之候、大小拾三軒、（略）右四軒除地ニ居申候、残リ九軒御年貢ニ御座候

との記載が見られます。

そして近代になってからの実測図[2]に記された小字名に「清メガ本」が見られ、その位置は笠鹿里の二二坪内に比定できることを明らかにしました。また日常生活面でも次第に百姓身分からの分離が進んだ結果、独自の真宗道場（穢多寺）も開設され、被差別集落としての昇揚村が成立したのです。以上を要約すれば、中世に存在した清目の居住・耕作地が、そのまま近世の被差別集落に移行したということです[3]。

近世の穢多身分の成立については、地域によっても様々なケースがあって今も個別事例についての研究が積み上げられている段階と思いますが、多良島による上記の研究は、中世の「清目」身分居住地が近世のかわた村（穢多村）に移行した事例を実証した業績として評価されています[4]。

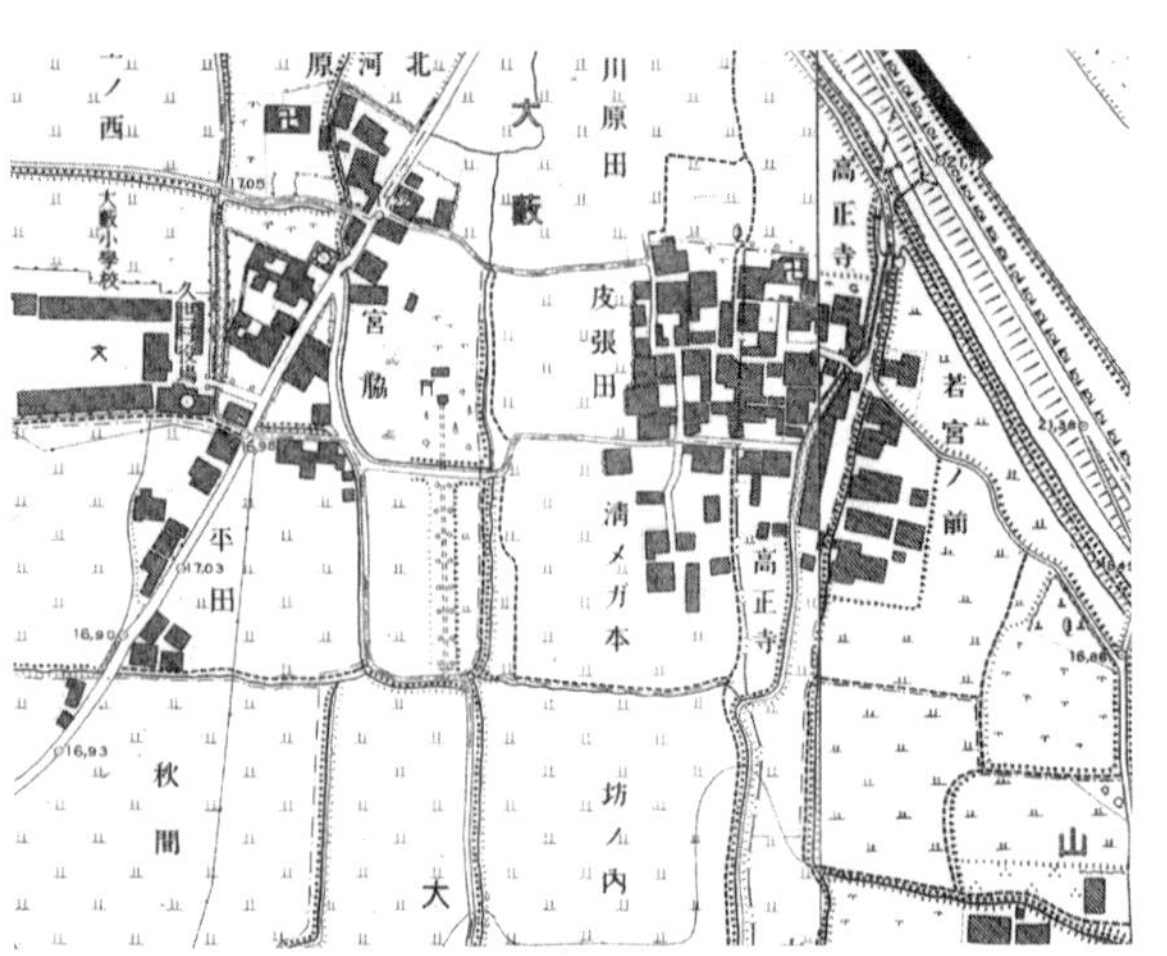

図３－２　大正 11 年３千分ノ１京都市都市計画図に見える小字名（皮張田、清メガ本）

清目の暮らし

中世に清目と呼ばれていた人たちは、どんな人たちでどのような暮らしをしていたのでしょうか。鎌倉時代中

期の辞書のような書物である『塵袋』に、「キヨメヲエタト云フハ何ナル詞ゾ」「イキ物ヲ殺テウル、エタ体ノ悪人也」などと記されています。この頃キヨメ（清目）がエタ（穢多）と同一視されていて、彼らへの差別が既にあったことが分かります。「穢多」が近世被差別身分名になったので、中世からこの呼称が既にあったことが注目されるのです。

現在の人権感覚からいえばこうした差別的な表記を引用すること自体にも注意をはらわねばならないと思いますが、歴史をあるがままに見てその意義を考える上では避けて通ることができないとの立場から、あえてそのまま記すことにします。なお本書では他の部分でも同様の考え方で史料の引用等をしています。

この『塵袋』では、「イキ物ヲ殺テウル」悪人と記していますが、清目の仕事は前に見たように清掃や庭園管理なども行っており、その見返りとして給された田畑で農業も行っていました。また「イキ物を殺す」というより、農村にいた牛馬が死んだ際（斃牛馬）それを引き取って処理することを職能としていました。それに関連して皮革関連（原皮の供給、加工）の仕事もありました。大正一一年京都市三千分ノ一都市計画図には、「清メガ本」に隣接して「皮張田」という小字名も記されていて、この地の人たちが「皮張」を行っていたことが想定されます（図3－2）。

彼らの収入源になる死牛馬を取得する場を「草場」といい、これは各地にいた清目がそれぞれのテリトリーを持っていました。農家が農耕などに使う牛馬が死んだ際、その場所に草場権を持っている清目が無償で引き取る権利を持っていたのです。近世になると草場に関する権利は「清メ株」とも称されて分割もされ、質入れや売買の対象にもなりました[5]。

近世昇揚村の動向

先にみたように、中世荘園である本久世庄の中にあった清目の村は、近世には昇揚村と呼ばれるようになりました。その場所は変わっていませんが、同じく近世村落として形成された大藪村と築山村の境界に位置し、形式的には大藪村または築山村の枝郷とされました。一七八七（天明七）年の明細帳では大藪村の惣村家数五拾七軒と記された後、穢多村の軒数が拾参軒と別記されていますが、万延元年の宗門人別改帳では、

家数合九軒之内（略）人数合四拾八人内男弐拾六人女弐拾弐人（略）山城国乙訓郡築山村之内昇揚村

と記されていて築山村が本郷とされています。ということは、昇揚村の人たちは大藪村、築山村民との日常的な交流はあまりなく、お上からの調査の際などには便宜的にどちらかの村の枝郷として扱われたのではないでしょうか。

一方、昇揚村は京都近郊の穢多村の一つとして江戸幕府の支配体制に組み込まれていました。江戸時代前期には室町時代から洛中の治安を担当していた武家である四座雑色（しざぞうしき）[6]と、その下で天部・六条・川崎村に行刑役（刑場での役務など）を負わせて穢多身分を統率させました。また天部出身の庭師・下村氏に領地を与えて登用し、その下で二条城掃除番役を課し、京都だけでなく近江・摂津の穢多村の一部も統率させました[7]。下村家三代文六の帳面によると、「かき上ケ」（昇揚村）には百六十人の人足（一年分、吉祥院小嶋村と同数）が課されていたようです。

しかし、一七〇八（宝永五）年下村文六が死去すると幕府は下村家を断絶させ、四座雑色の下での行刑役に加え「牢屋敷外番役」（牢獄の警備等）[8]の役務を京都及び近在の穢多村に課しました。従来の二つの指揮命令系統を一本化し、二条城掃除番役は廃止して穢多の公役を行刑関連に絞ったのです。

『諸色留帳』宝永七（一七一〇）年三月の記事によると、京都近在十一ヶ村（中野村、南内村、東浦村、西浦村、西代村、かき上ヶ（昇揚）村、小嶋村、北河原、柳内村、龍か口村、あかい（赤井）村）の年寄たちが呼び出され、牢

屋敷外番役を務めるよう命じられました。なお、粟田口と西土手にあった刑場での役務は洛中五ヶ村（天部、六条、川崎、蓮台野、北小路）村が担当し、洛外十一（のち十三）ヶ村は牢屋敷外番役のみが命じられました。以後幕末まで昇揚村には二条城掃除番役の時と同じ百六十人の人足が課されました。一七八七（天明七）年の大藪村明細帳に、昇揚村には四軒の除地（無税地）があると記されていますが、四軒分の年貢を免除されていたのは、牢屋敷外番役という公役を務めていたためです。

昇揚村の人たちの信仰については、一五五三（天文二二）年開基と伝えられる真宗道場がその後金蔵寺という寺名になり、村人によって維持されました。金蔵寺は真宗の中本山である金福寺の傘下に入れられ、[9] 西本願寺山科御坊建立の際、昇揚村からも金福寺門徒として予定地の整地作業に動員されています。[10]

写真３－１　現在の金蔵寺

このように見てくると、近世を通じて昇揚村は京都近郊穢多村の一つとして公儀などの支配体制に組み込まれ、その関係の史料は一定残っているものの、近隣の村々の人たちとはどのような交流があったのか、久世の地縁社会の中でどういう位置と役割があったのか等の史料はほとんど見当たらず、小さな村落が周囲からは孤立して存在していたというイメージがあります。

昇揚村の近代

一八七一（明治四）年太政官布告により穢多・非人身分が廃されて昇揚村の人たちも平民身分とされ、大藪、築山両村に分かれて入籍されることになりました。その際、元昇揚村民が申し合わせた規定が金蔵寺文書として残っています[11]。

規定一札之事

一、今般御一新ニ附、村方一同平民ニ被レ為二成下一候段、銘々一同恐悦至極奉レ存候。右ニ附、簗山村・大藪村両村え入籍被レ為二成下一候。重々難有仕合奉存候。然ル上ハ向後より村方一同申合、他村ハ勿論村方ニ至まで、斃牛馬ハ勿論四ツ足類ニ至まで村内え決て差入間敷候事。

附り、向後平民相成故、墓所、ゑ物捨場、牛馬解捌場、右三ヶ所落柴等、決て拾ひニ罷出間敷、猶亦、右三ヶ所ニ不拘、穢ら敷者、村内え振り持帰り候儀決致間敷候。右の趣村方一同参会の上取締候故、銘々供吟味仕、猶又、隣より隣供吟味仕可レ申候。若隠シ置、外より洩顕候節ハ本人同様の取斗可レ被二成下一候。

附り、何事ニ不寄村方一同参会ニおよび取締候儀、壱人も相背間敷候。尚又村方相手取故障ヶ間敷候儀、決て相背申間敷候事。

右の通り村方一同参会の上、取締候間、老若男女ニ至まで壱人も決相背間敷候。若後日壱人ニても相背候者御座候ハ、村方如何体の御取斗ひ被成下候とも、一言の申分致間敷、若壱人ニても違変之人於レ有レ之は、此書附ヲ以、何方までも罷出、村法の通如何様とも御取斗ひ被二成下一候とも、其時一言の儀申間敷候。依之、銘々承知の上、連判ヲ以、規定一札依て如レ件。

明治七戌年

正月十六日

藤本祐之丞（印）

（以下四十一名連印略）

この近世村方文書の様式を踏んだ長文の「一札」は、率直にいって今までの自分たちを全否定し、「平民」に加えられたことにひたすら恭順する内容になっていると思いますが、それは従前の昇揚村民が置かれていた境遇がいかに周辺から差別的に切り離されたものであったのかを物語っているのではないかと思います。特に印象的なのは、「斃牛馬は勿論四つ足類を決して村内に入れない」とか「墓所、穢物捨場、牛馬解捌所に落ちている柴等を決して拾わない」などと記している部分で、昇揚村の人たちが受けてきた「穢れ差別」がいかに根深いものであったかが分かります。

しかし、彼らが自分たちを「差別する側」に移行しようとしても、その差別がなくならない限り、対等の人間としては見られないということは、「新平民」になった彼らにはすぐに分かったのではないでしょうか。差別されなくなるためには、自分たちが立ち上がって差別と闘うしかないということは、明治・大正と年月が経過する中でさらに明白になっていったと思います。

一八八九（明治二二）年市制町村制の施行に際し、大藪、築山、東土川、上久世、久世の五ヶ村が合併して新たに久世村が発足しました。その後「昇揚村は、久世村の成立により、あらためて大藪・築山両村から独立した地域として取り扱われた」[12]というのが実情でした。「境界の村」は境界の両側には吸収されず、周囲からは「独立した地域」と見られていたのでした。地名呼称としては、「東町（ひがしちょう）」、「北条（きたんじょう）」などとと呼ばれました。前者は大藪の東、後者は築山の北という意と思われ、やはり境界の村と見られていたのです。

久世の米騒動

一九一八（大正七）年八月三日、富山県魚津の漁師の妻たちが立ち上がって始まった米騒動は、またたく間に全国に波及し、京都では八月一〇日東七条で騒動が起こりました。群衆が次々と米屋などを襲い、米の安売りを要求したり店舗を破壊したりし、警備に出動した警官隊と小競り合いになりました。翌一一日朝には東三条で米の安売りを要求する動きが起こり、同日中に田中、野口、西三条、市外では八幡六区そして久世にも波及しました。これらの動きの中心になったのは、被差別部落の人たちでした。以下『京都の部落史2近現代』（京都部落史研究所一九九一）に拠って、久世での動きを見ていきます[13]。

八月一一日夜、久世村東町では「ろんば」[14]（論場）に三〜四〇人が集まり、新聞の号外を読み合わせ東七条では騒動の結果米一升が三〇銭[15]で売られたことなど情報を共有しました。東町青年会副会長だった大工の岡本庄太郎は、久世の米価が吉祥院より高いのは、上久世の米屋川勝と稲本が共同で倉庫を建て、そこで米商人を集めて談合しているからだと以前から考えていたので、この際川勝らにかけあって米価を下げさせようと提案し、青年会員を招集しました。集まった人たちを論場に待機させ、岡本らは川勝米屋に赴いて話し合いましたが容易にまとまらず、結局川勝は稲本と相談の上共有米二〇石に限って一升三〇銭で売ると回答しました。しかしこの間論場で酒を飲みながら待っていた人たちは待ちくたびれて、「今に米の値段が決まるから待て」との制止のことばを聞き入れず、「行け、行け」と騒いで米倉庫に殺到し、同所と精米所の屋根瓦を破壊しました。論場で指揮をとったのは土方の岩井要五郎で、箒作りの藤田福松、農業兼土方の枡本音松は「若い者は遣るだけ遣れ、後のことは年増が引き受けるから行てやれ」と鼓舞したとされています。驚いて駆けつけた岡本や巡査が制止して騒ぎは収まりましたが、その場で五人が検挙されました。

京都での米騒動は一一日がピークで、同夜九時半過ぎ馬淵京都府知事から軍に出動要請が出され、深草の一六師団から桜井忠温少佐を指揮官とする歩兵・騎兵隊が出動、騒乱が激しい地域に展開したため、群衆は排除され、一二日中にはほとんど鎮静化しました。久世での騒ぎでは、結局一三名が起訴され、その全員が懲役三年を最高とする有罪判決を受けました。

ここで注目したいのは彼らの職業です。一三名のうち最も多いのは土方・仲仕で九名、次いで箒業三名、農業は一名でした。[16] 明治になって斃牛馬処理などの「賤業」から離れたものの、それに代わる安定的な職はなく、久世東町では地場の仕事といえるのは箒や藁細工作りぐらいで、あとは土方・仲仕といったその日暮らしの役務しか仕事がなかったのです。騒乱に参加し検挙された若・壮年の男たちの職業分布にそれが反映されています。なお、京都全体の部落でいえば、起訴者一六六人のうち最多の職業は土方・仲仕の四五人、次いで日稼一九人、靴職一〇人、下足直し九人と続き、[17] 当時の部落民の生業がどのようなものだったか映し出されています。米騒動は、当時米価の急騰に直撃されたその日暮らしの貧困層が集中する被差別部落から火の手が上がったのは必然といえるかもしれませんが、それに加え、近世の農民一揆に似た共同体としての組織的動きがあったことも注目されます。烏合の衆の暴発ではなく、統制がとれていたか少なくともとろうとした動きがあったということです。

この点に関し、最も特徴的な動きをしたのは西三条部落でした。ここでは部落の資産家である伊藤捨吉（竹皮商）が中心になり人々を教宣寺に集めて酒を出し、これも村の上層部である土木請負業の伊藤金吉が中心になって集まった人々を十人ずつの組に分け氏名を書き取り、竹槍・鳶口を持たせるなどして送り出しました。彼らが向かったのは付近の大型米店や、千本三条角にあった米倉庫でした。米倉庫では警官隊やこの付近を牛耳る侠客・荒寅[18]の子分たちが防衛していましたがそれに恐れをなすことなく突入して乱闘になり、この一帯は野次馬も含め二千人もの群衆が集まり騒然とした状態になりました。この混乱の中で人力車夫の武田松次郎が警官に逮捕され、四条大宮派出所に連行されましたがそれを知った下駄直し業の中村竹松らはただちに同派出所に向かい、鳶口でガラス戸を破壊するなどして警官を負傷させ、武田を奪回したのです。このため警察の威信は大いに損なわれました。結局軍隊の出動により群衆は鎮圧され、さらに西三条部落は徹底的に家宅捜索された結果七〇名以上が逮捕・拘引されました。[19]

久世東町でも、人望があった青年会副会長の岡本庄太郎が中心になり、青年会メンバーを招集した上彼らを論場に待機させた状態で米屋に乗り込んで交渉したので、米屋の川勝・稲本も圧力をひしひしと感じ、最終的に要求を呑まざるを得なかったのでしょう。結果的に論場での待機組との連携がうまくいかず逮捕者を出したのですが、岩井・藤田・枡本ら待機組のリーダー層は、自分たちが責任を取るから若いものは思い切ってやれと鼓舞し、集団としての動きをリードしたのでした。

大藪水平社

米騒動後の動きとして、部落差別を緩和するため部落民自身が生活改善し、部落外の人々も同情融和し不当な差別を慎むべきとする融和運動と、部落民自身が解放の主体として立ち上がり差別を糾弾していくという水平運動とが展開されました。後者は一九二二（大正一一）年奈良柏原の西光万吉、阪本清一郎らが中心になり、京都岡崎公会堂で全国水平社創立大会が行われ、「人の世に熱あれ、人間に光あれ」を結びとする格調高い水平社宣言が発されました。

久世では一九二四（大正一三）年六月大藪水平社発会式が行われました。

乙訓郡久世村大藪水平社は此程岡本才治郎、篠崎蓬莱（蓮乗）氏等を執行委員として盛大な大藪水平社発会式を挙行し、京都連盟本部より寺田執行委員長出席、熱弁を振ひ出席した警官も忍従の生活談に涙した。

（『朝日新聞』大正一三年六月九日）

篠崎蓮乗は真宗木辺派の説教師で、的ヶ浜事件[20]を告発するなど水平社の活動家でしたが、彼が大藪水平社の執行委員になったのは、妻が大藪出身の女性（看護婦）だったからと思われます[21]。大藪水平社の活動に関してはあまり史料が残っておらず、一九二七（昭和二）年の「府下水平社一覧表[22]」によれば社員数五（戸数一〇〇、人口五六六と記載）と記されていて、結成三年後も地区内での大きな拡がりはなかったようです。この頃から水平運動は次第に弾圧されるようになり、また労農運動への関わりをめぐって分裂も経る中で、次第に戦時体制に組み込まれていきました(23)。

明治から昭和前期にかけての部落内での生活改善の取り組みについて、二件の史料を紹介します。まず明治末期の金蔵寺住職の取り組みについて。（差別的な表記がありますがそのまま引用します。）

特殊部落の改善者実業補習学校を寺内の一部に設置せんと目下京都府知事へ申請中なる久世郡大字築山金蔵寺住職西田教覚氏は明治二十七年以来同寺の住職となりたるも、同部落は特殊部落の事なれば、一般の風紀乱れ常に喧嘩口論を事とし賭博其の他の犯罪を白昼公行の状態にして、社会より疎外せらるゝも亦故なきにあらず。随って其の子弟の無教育に起因するものなりと、自ら進んで堂宇の一隅に夜学校を設置し之等の青年輩を招くも、学科は余所にして雑談に夜を更し去るのみにて学事に意を留めざりしも、氏は専心自費を投じて青年者に夜学校を勧め熱心に教鞭を取り、昼間は又婦女子を集めて裁縫並びに学科を教授しつゝありしが、遂に其の功空しからず。昔日の悪習は殆ど除去し、部民一般農事に従事し青年は毎夜夜学の外他意なく、入学者の数を増やすのみなるを以て昨年寺内に夜学場一棟を新築するに至りたるが、此の新築に対し特筆すべきは、経費に就て種々の故障ありしも氏は屈せず、今日此の新築を見合す位なれば余は断じて当寺を辞し去るの外なく、幸ひに新築に決せば余が不用の物品を売り払ひ猶今日迄貯蓄せし金員は不残寄附するとの決意なるより、部民も其の精神に感じて漸く新築するに決したり。為に当期開設中の青年夜学校にては郡内にて成績良好にして、会長には井上寅吉、又幹事六名は毎夜同一の提灯を携えて部落を巡回し、会の規約に違反する者あらば之を会長に報告して処罰、一つとして美挙ならざるはなし。因みに同氏は本部報徳会に

て表彰されしなりと。又故なきにあらず。（『朝日新聞』明治四二年三月一七日）[24]

なお、記事中京都府知事に申請中とある実業補習学校は、「修省実業補習学校」名で認可され、修業年限四ヶ年で修身、国語、算術、農業、手工の五教科を教授したということです。実業補習学校とは、一八九三（明治二六）年に制度化された尋常小学校の補習学校で、高等小学校などに進学しないものを対象に小学校課程の補習と簡単な実業教育を目的としました[25]。この時期京都の被差別部落では、小学校への出席率が良くないので地域の篤志家が夜学校をつくり、子どもたちに学習させる取り組みがありました。有名なのは天部（東三条）の協同夜学校[26]で、一九〇四（明治三七）年に私立学校として認可されています。久世部落でもそれとほぼ同時期にお寺の境内に校舎が新築され、そこで昼間は女子が裁縫などを学び、夜は男子が集まって勉強し成果が上がっていたという記録です。

次に一九三六（昭和一一）年地方改善施設費補助事業（部落環境改善のための京都府補助事業）一覧表の中に、乙訓郡久世村について次のような記載があります[27]。

本地区に於ける生活改善の第一歩として、自家用醤油の協同醸造を計画し、家計経済の負担軽減を計らんとす。現在地区一年の消費高は七十石にして、平均一升三十五銭、出金二千四百五十円なり。之が共同醸造によるときは、一升平均二十銭を以て分譲するものとして、年平均約千二百余円の負担軽減を見る予定なり。尚、補助金以外は、会員一五一人、平均一人三円五〇銭を支出し実施を見る予定なり。

この時点は満州事変の後で、既に戦時体制になっていますが、この前年の一九三五（昭和一〇）年六月、中央融和事業協会は「融和事業完成十ヶ年計画」を決定しました。総額五千万円の予算で三六（昭和一一）年度から四五（昭和二〇）年の十ヶ年間で部落の改善をはかろうとするものでした。京都府では二二三万円[28]の予算が計上されています。本史料はその一環として行われた事業に関するものと思われます。ただし、上記十ヶ年計画は、一九三七（昭和一二）年に日中戦争が始まり、形だけのものになってしまいました。

なお、食生活に関していえば、竹田の子守唄の中の次のような一節が思い出されます。

久世の大根飯　きっちょ（吉祥院）の菜飯　またも竹田のもんば飯

一九七〇年代にフォークグループ「赤い鳥」が歌ってヒットしたこの歌は、明治後期から大正期にかけて竹田地区で子守り奉公をしていたた十歳前後の少女たちが歌い継いだものといわれ、現在一四の歌詞が確認されているそうです[29]。この歌詞には久世、吉祥院、竹田という京都南部の三部落での「飯」が、それぞれ「大根飯」「菜飯」「もんば飯」と唄われています。久世の大根飯とは、大根の葉や皮を刻んだものを屑米と混ぜて煮込んだ雑炊のようなものだったらしく、吉祥院の「菜飯」も似たようなもののようです。「もんば飯」は「もんば」＝おからを混ぜた飯で、いずれにしても貧しさのため白米を食べられない部落の貧困を唄ったのです。

私が聞き取りをした範囲では、久世の六十代以下の人には食べた経験がないとのことで、戦後には既に廃れていた「郷土料理」のようです。

久世結婚差別事件

戦後の一九五九（昭和三四）年一一月一日乙訓郡久世村は京都市南区に編入され旧舁揚地区は「大築町」という町名になりました。旧村名・大藪と築山から一字ずつ取ったもので、地名の境界性は引き継がれましたが、高度成長期以後独自の地域性を発揮していくことになりました。

一九六一（昭和三六）年同和対策審議会答申、そして一九六四（昭和三九）同和対策事業特別措置法制定に基づき国の同和対策事業が始まり、京都市でも戦後間もない一九五一（昭和二六）年に起こったオールロマンス事件[30]を経て、被差別部落での劣悪な生活環境の改善は行政の責務であるという前提がようやく形成されていきました。また日本国憲法第二五条に規定された基本的人権としての「生存権」（健康で文化的な最低限度の生活を営む権利）がすべての国民に保障されるためには、部落問題の解決が必須であるとの認識も広がっていったと思います。この間そのような社会的正義観の形成と裏腹に、部落差別は陰湿化していきました。表面的には「差別はいけない」としながら、自分に関わる事象、特に結婚という場面で根強い差別意識が現れるという結婚差別問題が、いまだに未解決の領域として残っていますが、久世では一九七四（昭和四九）年に大きな問題が起こりました。「久世結婚差別事件」といわれる本事件の経過を以下に略述します。なお事実経過等は、原田伴彦「久世結婚差別をめぐって」（『同和問題研究』大阪市立大学同和問題研究紀要（一）一九七七・三）を参考にしました。

久世大築町出身のAさんは、一九六二（昭和三七）に乙訓中学を卒業したあとしばらく家にいましたが、翌年日本板硝子京都事業所が久世に開設されると同時に入社しました。同社は久世の田を買収する条件として、地権者の家族を優先採用することとし、Aさんもその枠で入社したのです。

彼女は一九六八年に入社したBさんと付き合うようになって二〜三回のデートの後、思い切って彼に聞きました。「うちがどこから通勤してるか知ってる？　久世の出身でもええんか？　親が反対しはらへんか？」彼女がこのように問うたのは、以前から母親に「あんたが交際する人があったら自分のことを全部隠さんと言ってから付き合いなさいよ。あんたが部落出身と分かって問題が起こったら困るから」と言われていたからでした。これに対しBさんは、「なんやそんなこと。俺は全然気にしてへん。同じ人間やないか。親が反対したって親は親。俺は俺や。」と答えました。

これを聞いたAさんは、「こんな人は滅多にいないから絶対離したらあかん」と思い、彼の求めにこたえて肉体関係も結びました。またギャンブル好きの彼がサラ金等に借金もあり常時金欠状態なので、デートの食事代やホテル代なども彼女が出すようになりました。

ところが、交際が始まって四年後にBさんが久世部落出身の彼女と付き合っていることを知った母親は、相手がどんな人なのかも聞かないまま「土地柄からいってそんな所の人と付き合うのは反対やし、まして結婚は絶対反対」と言いました。それに対しBさんは、「親の反対を押し切ってまで結婚する気はない」と答え、二人が既に結婚の約束をしていることは伝えませんでした。

この間、Aさんは一〇回も妊娠したのですが、彼の求めに応じてすべて中絶手術を受けています。

そして、彼の母が交際をやめるよう何度も念押しするようになってから、彼の態度が変わり始めたのです。「お前を絶対好きなんやけど、親の言うこともある程度聞いてやらんと……」などと言い、親の勧めで福井県の小浜のほうで見合いをするとの話もしました。Aさんが不安になって私と結婚してくれるの？ と問うと、「結婚するよ」と言い「Aと結婚します」と紙片に書いて渡したといいます。このためAさんは不安を抱えながらも彼を信じたいと思っていたところ、一九七四（昭和四九）年の春彼の母の依頼によりBさんの姉が喫茶店で二人と同席し、交際をやめることを強く求めたのです。今までとは違い、Bさんも強い態度で別れるしかないと言い、Aさんは泣く泣くあと二か月で交際をやめることを承諾させられました。実はこの時点で彼は小浜での見合いを済ませ婚約も成立していたので、強い態度に出たと思われます。

ところが、この後も二人はズルズルと交際を続け、Bさんは「会社を辞めて二人でどこか遠い所へ行って生活しようか」などと言うこともあったため、Aさんは一縷の望みを捨てられずにいました。そして一九七四（昭和四九）年七月二四日、二人は長岡京市の喫茶店で会ったのですが、Bさんはその二日後に小浜に行って見合いするからお前は好きな人があればそっちに行けというようなことを言い出しました。彼女がその話は少し待って、と言ってもまともに答えようとせず、「ホテルに行こう」というのでAさんは場所が変わればまた話ができるかと思い、ホテルに同行したのですが、彼は肉体関係を持とうとするだけでまともに話し合おうとはせず、その挙句に「お前と一緒になったら会社も辞めんならんし家も出んならん。誰でも楽な方を選ぶやろ」などと言うので、「私をだましたんか」とAさんが泣きながら抗議すると「バカやからだまされるんや。俺はお前みたいなやつと一生会わへん。もう帰る」などと罵倒されたため、Aさんは「あんたがそんなこと言うんやったら死ぬしな」と言って車にたまたま積んでいたナイフを取りに行って彼と揉み合いになり、気が付くと彼が腹を押さえてうずくまっていました。我に返った彼女が通報し、彼は救急搬送されましたが出血多量のため病院で死亡が確認されました。

この経緯をみるとき、誰かが個人的に悪いというより、皆が部落差別の被害者だといえるのではないでしょうか。Aさんは、「結婚は二人がするもので親がするものでない。二人は同居してないだけで結婚してるのと同じや」という彼の言葉を信じて身も心も尽くしていた相手に裏切られたと分かった時点で、正常な判断力をなくして殺人者になってしまい、Bさんも部落差別がなければ命を落とすようなこともなく、Aさんと結ばれ幸せな家庭を築いていたかもしれません。またBさんの母や姉も、「そんな土地柄の人と結婚するのは誰でも反対する」（供述調書より）と社会意識として厳然とある部落差別の側に身を置いた結果として、家族を亡くすという悲劇に見舞われました。

「久世結婚差別をめぐって」の著者・原田伴彦氏（当時大阪市立大学教授）は、本事件の第一一回公判（一九七五（昭和五〇）年一一月二七日）に証人として出廷し、弁護人の質問に答える形で部落差別について二時間余証言をしました。その締めくくりとして、次のように述べています。

「私は結論的に申しますれば、裁かれるべきものは、この一〇〇年間、部落に対して加えて来た社会的差別そのものではないかということであります。たまたま今回の事件に、そういう一〇〇年間の歴史的客観的な差別が凝集した形で現われております。私は、この被告の行動は、勿論裁かれるべきでありますし、またそのためにこういう裁判が開かれているわけでありますが、しかし、被告が被告席にすわらざるを得ないような状況に追い込んだ社会的差別それ自体を裁いていただきたいと、私は思います。」

なお、一九七七（昭和五二）年三月三〇日、A被告に懲役二年執行猶予二年の判決が下されました。

一斗缶の便所

「久世部落の人とは親戚付き合いできない」というBさんの親族のことばは、彼らだけが発したものではなく、社会意識として根強く存在しているので、地元久世大築町としては黙視できないものでした。またこの当時大築町ではもう一つ地域としての重要な案件が持ち上がっていました。

一九七二（昭和四七）年大築町の一部が住宅地区改良法による改良地区に指定され、不良住宅のクリアランスによる改良住宅建設が始まりました。その後一九七八（昭和五三）年に追加指定され、大築町面積の三〇・五九パーセントが対象になりましたが、「街づくり」の観点からの長期計画がなく、地元からの要望を反映した案の策定のためにはそれを集約する体制がない状況でした。また、一九六〇年代から桂川に沿って流れている放水路である新川と桂川堤防に挟まれた細長い土地（堤防敷）に、トタン屋根のバラック建築が建ち並ぶようになっていました。これは土建業を営む大築町の住民が資材置き場などとして建てたものもありますが、地区外からの流入者が住居としているものもありました。このバラック街の生活環境は電気も水道もない劣悪なもので、人間らしい住まいとはとてもいえないものでした。また新川は上流からの生活排水・養豚場からの廃棄物などが流入し、悪臭を放つヘドロの川になっていました。新川の上には足場用の丸太などが立てかけられ、景観も大きく損なわれていました。

写真３－２　新川に沿って建てられたバラック建築（『水吐の虹』解放同盟久世支部 1995 より）。右前方に見えるのは久世橋

こうした地区にとって多岐にわたる重要課題に対応するため、一九七六（昭和五一）年四月二一日部落解放同盟久世支部が発足しました。京都市内で九番目の支部としてスタートしたのですが、大築町の人たちの中には支部結成に反対する人もいたため、必ずしも順調な出だしではなかったようです。しかし京都市との交渉を積み重ね具体的な成果を出していく中で、次第に存在感を増していったと思います。まず地区内の環境改善事業ですが、一九七四（昭和四九）年に市営住宅第一棟が完成し、以後一九八六（昭和六一）年までに第七棟までが順次建てられました。この結果地区内の景観は一新されました。

ちなみにクリアランスされる前の地区内の状況は次のようなものでした。

環境改善事業が実施される以前の久世部落の実情は、まず各戸に便所も無く人がやっと通れるだけの狭い路地に家が密集していた。雨が降って傘を広げることができず、傘を半分ぐらい広げて路地の真中に走る木の溝蓋の上を、カタンコトンと音を鳴らして通っていた。雨の降る日は特に共同便所へ行くのに傘をさしていかなければならないので、各戸には一斗缶を玄関に置き、便所代わりに男も女も使っていた。勿論、各家庭に水道はなく共同炊事場で井戸の水を使っていた。地区内には水道の本管が通っていたが、水道代を支払

写真３－３　地区改良事業以前の状況（『水吐の虹』84 ページ）

写真３－４　久世大築山診療所保健センター分室

えないため、各戸への給水管の設置ができない状況だった。（『水吐の虹』八九ページ）

一九七〇年代まで残っていたこのような劣悪な状況が順次解消されて中層団地群に変わっていきました。しかし住環境だけが改善されても、街づくりの総合計画という面ではまだまだ立ち遅れていて、公共施設としては木造の隣保館・浴場と乳児保育所が設置されているだけでした。

久世支部は京都市との交渉を繰り返して行い、中長期の総合的な計画を策定するよう要求していましたが、一九七九（昭和五四）年六月「久世地区同和対策事業総合計画（案）」が提示されました。これに基づき、道路・公園整備、公共施設建設などの事業が計画に盛り込まれ、事業化が進んでいきました。公共施設としては、既に福祉センター（一九七七（昭和五二）年）、学習センター（一九七八（昭和五三）年）がありましたが、それらに加え、屋内体育館（一九八二（昭和五七）年）、新浴場（一九八四（昭和五九）年）、新隣保館（一九八六（昭和六一）年）等が設置され、一九九五（平成七）年児童館、久世保健所分室・大築山診療所の完成により同和対策事業としての久世地区整備事業は終了しました[31]。

新川からニューリバーへ

地区内の環境改善の他に、大きな問題として残っていたのは、前に触れたバラック街をはじめとする新川沿いの環境整備の問題でした。一九七六（昭和五一）年四月久世支部結成と同時にこの問題を取り上げ、対市交渉で要求した結果九月には建設省・総理府による現地調査が実現しました。視察に来た国の職員は、悪臭を放つ新川やバラック建築が密集する状況を見て「これはひどい」「人間が住む環境ではない」などと感想を漏らしたといいますが、当初は国、京都府、京都市の管轄や事業の分担の問題がからんでなかなかスムーズに事が運びませんでした。久世支部としてはまず「久世地区同和対策総合計画」の中に新川河川敷問題を位置付け、部落の環境改善と一体として取り組むように、また京都市が主体となって河川管理者である府・国に事業実施を申し入れるよう要求しました。行政側も一九八六（昭和六一）年になって国・府・市が一体となって取り組むための事務局が形成され事業化が動き出しました。一九八六（昭和六一）年度の交渉では次の四点について確認されています。

①新川の整備について、新川の暗渠化を検討する。②暗渠化の整備によってできた土地を利用して、道路や公園などの「環境整備計画」を検討する。③河川敷に住んでいる住民の対策についても、歴史的経緯を踏まえて検討課題とする。④久世地域のまちづくりとの整合性をもった環境整備計画とする。

こうして、国による現地視察から一〇年が経過して、ようやく新川の暗渠化と整備地域の道路・公園化という事業の方向性が見えてきたのでした。一九八

写真３-５　五暗渠化された新川の上に造られたニューリバー公園

写真３-６　久世ふれあいセンター

七（昭和六二）年に新川暗渠化工事が着手され、バラック建築は撤去が始まりましたが、そこに居住していた人たちについては公営住宅への入居など行政によって個別の対応がされていきました。そして一九九五（平成七）年には整備地域に公園が完成し、新川に因んで「ニューリバー公園」と名付けられました。さらに事業としては新川下流地域に移り、一九九八（平成一〇）年に図書館、ホール、体育施設、特別養護老人ホーム、デイサービスセンターなどの複合施設である「久世ふれあいセンター」がオープンしました。[32]

これらの経緯をみるとき、地元の要求を集約し行政に提示する運動体として解放同盟久世支部が果たした役割は大きかったと思われます。

行政交渉を中心的に担ってきた当時久世支部長の丸山勝さんは、次のように記しています。

（前略）夜店の準備も終わり、明日の天気を気にしながら、公園のベンチに腰掛けてぼんやりと夜空を眺めていました。そのとき老婦人と若夫婦の三人連の方が私たちのベンチに近づいてこられ、軽く会釈しながら「この街きれいになった。これはあんた達運動をきばったおかげや、これからも頑張って。皆喜んでいる。」と声をかけられました。「おおきに、僕達だけの力と違う。行政も頑張ってくれた。」「ずーっと頑張ってね。」私は老婦人のこのひと言で、今までの熱い想いがこみ上げてきました。運動を続けてきて良かったと感じたものでした。この想いは私だけのものでなく、私とともに頑張ってくれた仲間とこれまで協力してくださった地域、行政の方たちとも分かちあいたいと思っています。（「二十一世紀に向けて」『水吐の虹』一六ページ）

そして、一九八四（昭和五九）年から久世支部の行事として始められた久世夏祭りには次第に周辺の町の人たちも参加するようになり、ニューリバー公園が会場になってからは参加者が増え始めて、五千人もの人が集まるようになったといいます。[33]

写真３-７　2018（平成30）年レインボーフェスティバルの会場（ニューリバー公園）

丸山氏の先の引用文の続きです。

> 最初は大築町の子供を勇気づけるために始めた夏祭りが、いつのまにか久世のイベントになり、久世全体が対象になっていきました。毎年行ううちに周辺地域とのつながりができ、人と人の輪が広がり、部落という見かたが少しずつですが、年を追うごとに親近感をもった関係ができてきました（後略）。

この久世夏祭りは、時期を秋に変えて「京都レインボーフェスティバルin久世」として行われるようになり、二〇一八（平成三〇）年で三五回目になりました[34]。行事名「レインボーフェスティバル」の「レインボー」には、虹の七色に因んで久世七ヶ町（大築町、大藪町、築山町、上久世町、下久世町、殿城町、東土川町）の祭との意味が込められているということです。

このようにして、西国街道の久世への入口である大築町一帯の景観が、差別と貧困がそのまま現れたような状況から、近代的に整備された空間に変わっていった過程で解放同盟久世支部が果たした役割は大きなものがある一方、指弾されてしかるべき誤りも犯しました。一九九九（平成一一）年京都市議会で日本共産党所属議員から指摘された解放同盟京都市協議会各支部の不正（補助金の架空・水増し請求）のうち、久世支部でも該当するものがあったのです[35]。このような不正は、せっかく形成されてきた解放運動への評価や共感を帳消しにするものであり、厳しい総括と反省が必要と思います。

古代末・中世に「清目」と呼ばれていた人たちがこの地で暮らしていた頃から六百年以上が経過する中で、「京都から続く西国街道の桂川対岸」という当地域の境界性の内実は大きく変わってきました。しかし「境界」とは、異質なものが周囲から入り込んで在来のものと相互に影響しあい、新たな何かが形成され、発信される場であるとすれば、その本質は変わっていないといえるでしょう。これからも変化は続いていくでしょうが、その変化は、人間の尊厳が重んじられる方向に向かうものであることを願ってやみません。

二、久世殿城町近辺

岩倉と久世

精神を病むというのはいつの時代にもあることです。今なら様々な薬もあり精神科の医療を受けることができますが、近世までは神仏にすがるしかありませんでした。また患者が周囲に「迷惑」をかけたり家族の手に余るようになると、座敷牢に入れるか[36]、どこか遠いところに隔離するかといった選択しかなかったと思います。現代になっても、私の子ども期の京都市中では、遊び仲間と喧嘩になると、相手に「お前ら（なんか）岩倉行きや」と罵ったものでした。当時岩倉へは行ったことがなかったし、どんな所か知らなかったのに、「精神を病んだ人が送られるところ」という知識は共有されていました。また精神障害者は怖い存在であり、自分たちの生活圏からは遠ざけられる（べき）人という認識もあったと思います。これは京都で少年期を過ごした何人かの知人にも確かめましたし、私の少し上の年代の松岡正剛も、「京都の中学校では『おまえ岩倉、行ってこいや』とか『岩倉から出てきたんとちゃうか』という言葉を何度も聞いた。ちょっとおかしなことを言うと、そうからかわれたのだ[37]」と記しています。

岩倉と精神障害者とのつながりは、同地にある大雲寺がこの病に霊験があるといわれるようになってからです。同寺の伝承「御香水の由来」には、後三条天皇（在位一〇六八～一〇七二）の皇女が「御心常ならず在まし、丈なる御髪をも乱し只（几）帳中にかくれ給ひ近侍の女房はいふに及ばず御父帝にさへも御物がたりをもなし給はず」という状態になった際、「大雲寺観音院の西谷に不増不滅の霊池三井寺閼伽井の水源あり、日々にこの霊泉を敬服せしめ昼夜観世音に御祈誓まいらせたれば、皇女の御心日々に清々しく不日に御平癒あらせら」れたのだと記されています。しかしこの「由来」は後世のもので、大雲寺に精神障害者が参籠するようになってからのいわば効能書きのようなものであり、実際に境内やその周辺に参籠者が逗留するようになったのは江戸時代の一八世紀後半ぐらいからとみられます。当初は大雲寺が籠り堂に受け入れていたようですが、逗留する者が増えてきたので、「公人法師」[38]と呼ばれていた地元の本百姓層の人たちが「茶屋」を経営し、そこで賄い料をとって参籠者を滞在させるようになったのです[39]。

　岩倉の農家がなぜ精神障害者を受け入れたのか。それは現実的な理由としては、農業の副業としての現金収入源という面が大きいと思います。岩倉は京都の近郊農村ですが、京都に出るには山を越さなければならず、狐坂[40]などの急坂を荷車で越えることが難しかったので、上賀茂や北白川の農家のように野菜や花の振売りによって副収入を得ることが困難でした。そのため、京都などから人を迎え入れて岩倉の米や野菜を食べてもらうという方途が考え出されたのです。一つは、里子の受け入れです。江戸時代岩倉には、この土地の風光が気に入った後水尾上皇夫妻[41]が三つも山荘を営み、たびたび行啓しましたが、同行した公家たちは岩倉の上層農家に分宿しました。その結果人間的なつながりができ、公家たちが事情があって手元で育てられない子どもを里子として引き受けたのが始まりといわれています[42]。その後庶民の子も養育費をとって預かるようになり、近代には「洛北名物」といわれるほど多くの里子を預かっていました[43]。

　二つ目が精神障害者の受け入れですが、これも同じような動機があったことは確かでしょう。しかし、金銭的な面だけで捉えるのは正しくないと思います。岩倉の人たちが、事情があって京都の街中にはいられない人たち

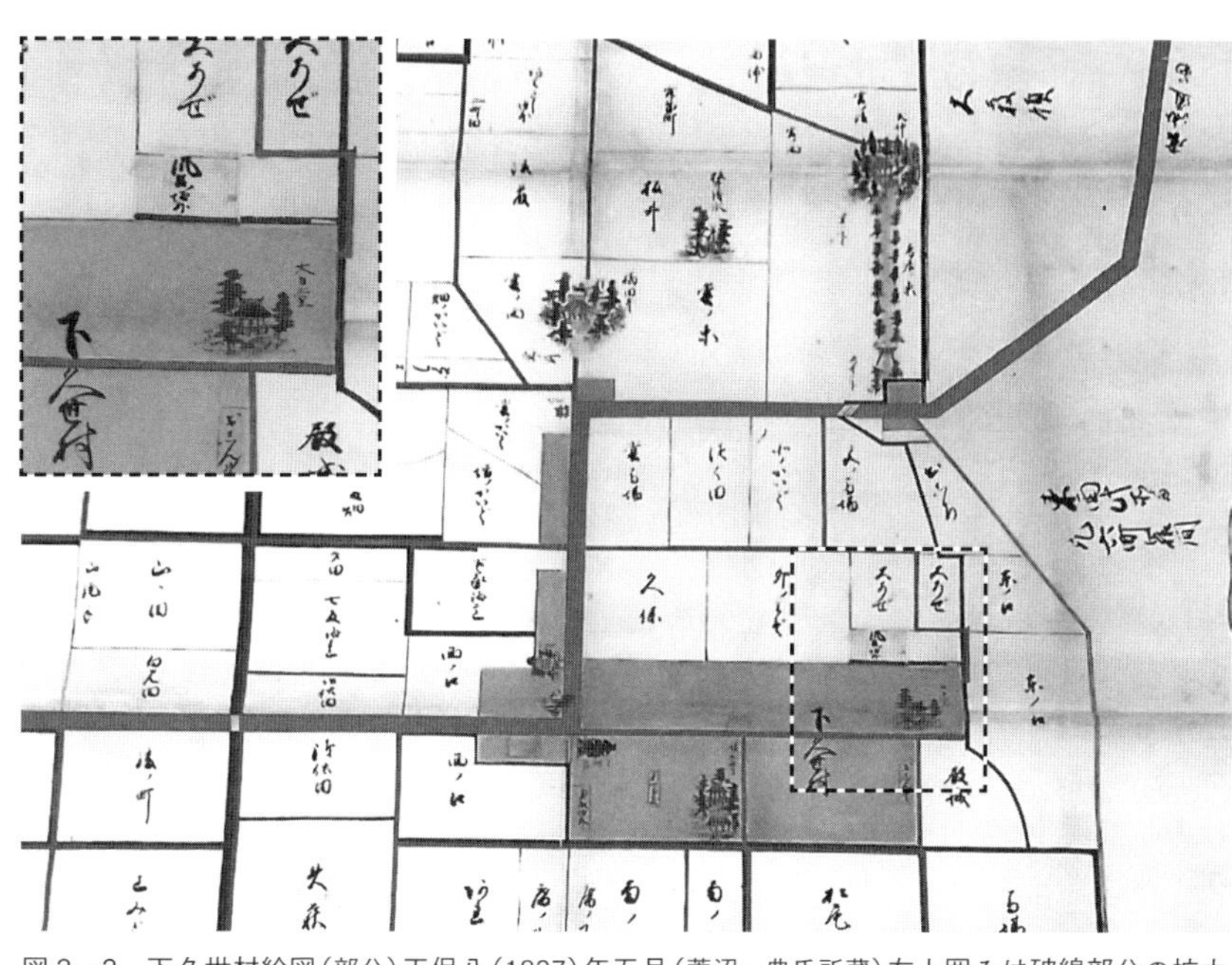

図３-３　下久世村絵図（部分）天保八（1837）年五月（菅沼一典氏所蔵）左上囲みは破線部分の拡大

を分け隔てなく受け入れ、ともに生活するというやさしさを持っていたからこそできたと思うのです。言い方を換えれば、この地は京都中心部からマイナーな要素（例えば「私生児」―非嫡出子や精神病者等）が遠心的に送られてくる「境界」であり、そこで生きる者としての人としての役割を、岩倉の人たちが生来の生き方として体得していたといってよいのではないかと思うのです。

同じようなことが、京の坤境界・久世にもあったことを、これから見ていきたいと思います。

癲狂院一件

現在の久世殿城町に、かつて精神を病んだ人たちが寄留していた大日堂がありました。そのお堂があった位置ですが、図３-３を見てください。このあたりは条里地割がよく残っていて格子状の地割が多く、その中に小字名が記されています。そして「下久世村」表記のすぐ右（東）に木立の中にお堂が描かれ「大日堂」と付記されています。大日堂があったのは、南行してきた西国街道

（太い実線）が直角に西に向かう屈曲点を東へ入り、集落（彩色してある）の東端に近い位置でした。前出の地図1、2（六九－七〇ページ）ではI地点にあたります。

久世大日堂に精神を病んだ人たちが逗留していた件について、現在まで知られている文書史料はごく僅かしかありません。その一つが、府史第二篇政治部衛生類第六に収録されている「癲狂院一件」(44)です。

癲狂院というのは、京都府が一八七五（明治八）年七月南禅寺方丈に開設した日本最初の公立精神科病院です。府はその設置にあたり、「前近代的」な精神病者の収容状況を否定する必要上、監査掛主任・山根眞吉郎らが岩倉大雲寺および久世大日堂を視察し、同年四月二八日付で出された報告書が上記一件資料に収録されています。

この調査は、同年四月二二日付けで西洞院三条下るの住人・栞政輔という人が京都府宛に出した建言―岩倉大雲寺や久世大日堂で精神病者を逗留させ無益な「治療」を口実に暴利を貪る者がいるので、これらをやめさせ近代的癲狂病院を設置してほしい―を受けて実施された形になっています。行政が恣意的に行ったのではないという体裁がとられているのです。

山根らによる報告書には、大要次のようなことが記されています。（筆者要約。「」内は報告書よりの引用。）

一、大日堂には「大日ト云法師」（大日如来）を安置し、昔から聖護院（門跡）に属してきた。以前は善定（ぜんじょう？）という七十歳ぐらいの山伏が大藪村にいて、彼が大日堂を護持し、かつ瘋狂人らを引き受けていた。

二、その後、どのような事情か、善定は大藪村に帰り、同村の山本惣兵衛という者を養子とし、自身は清水坂あたりに転居、さらに丹波に移ったという。

三、善定がいなくなった後は、大日堂隣家の長岡利兵衛（八、九年前に死去）が（瘋狂人の）世話を引継ぎ、山伏風の身なりをしていて人々は彼を「ハウイン」（法印）と呼んでいた。

四、利兵衛が亡くなったため、倅の利兵衛（調査当時三七歳くらい、地区の戸長で妻と子ども二人あり）と、長岡栄二郎（先代利兵衛の二男、つまり現当主・利兵衛の弟、妻あり、二八歳ぐらい）が瘋狂人たちの世話を引き継いだ。

五、ただし、聖護院末寺の定泉院から、森田妙道という者が毎月一度大日堂に来て読経等をしていた。

六、ところが、「一昨年春頃」（明治六年春?）、利兵衛は定泉院へ赴いて「御維新ニ相成モ矢張大日堂ハ聖護院支配カ否尋問セシ處」（御維新になったのにやっぱり大日堂は聖護院の支配なのかどうか尋ねたところ）「此度一寺住職ノ他不相成トノ御布令アリ就テハ大日堂ハ其村ノ所轄ニテ然ランカノ旨定泉院ヨリ答タル趣」（このたび住職は一寺のみに限るとの御布令があったので、大日堂は村が管理するのがよいだろうと定泉院が答えた。）

七、そこで長岡利兵衛は、同村（下久世村）の農業・木村利助（五〇歳ぐらい）という者を雇い入れ、患者の賄い他をさせた。自分は毎朝夕大日堂に参拝し、堂の前にある小池の水を小桶に二～三杯患者にかけたりしていた。尤も、患者が嫌がるときはしていない。

八、飯料は、一人一〇銭ぐらい。しかし毎月二度ほど御膳を出すが、それには三銭ほど別に受け取る。ただしこれは貪り取るのではなく本人に任せている。これら代金はすべて利兵衛方が受け取る。

九、この堂には瘋狂人だけではなく、「放蕩無頼ノ者」もまたここに来て改心する。華族の花山院家令嬢も瘋狂ではないがここに来ていたと聞いた。

一〇、岩倉大雲寺との違いは、彼地のように患者を宿泊させる農家はなく、彼らは悉く大日堂に寄留し、別の「一ノ囲ヒ」に起居する者もある。（調査時の）患者数は一五・六名であった。

廃仏毀釈と大日堂

この報告書からは多くのことが読み取れるし、また行間からいくつかの新しい視野が拡がってくるように思います。まず、調査時点までの前史についてですが、久世大日堂は、かつて隣村・大藪村在住の善定という山伏が護持し聖護院（末寺）とのつながりがあったとか、瘋狂者だけでなく、華族の子女も含め「放蕩無頼」の者も「改心」のため寄留していたなど、京都市中を含むかなり広域的なバックグランドを持っていたことが分かります。

そして何かの事情で善定がいなくなった後は、大日堂に隣接する下久世村庄屋・長岡家が管理するようになったということですが、元々大日堂は庄屋宅に隣接しているので、善定が勝手に寄留者の世話をしていたはずはなく、庄屋公認であり下久世村の人たちも少なくとも忌避はしていなかったと思われます。

善定のあとを引き継いだ庄屋の長岡利兵衛は、山伏の身なりをし「法印」[45]と呼ばれていたといいうし、聖護院末寺の定泉院からも月一度僧侶が来て読経していたので、先代利兵衛の代までは寄留者にとっては善定がいた頃と大きな変化はなかったといってよいと思います。先代利兵衛が亡くなったのは、調査時点の七〜八年前というので、ちょうど明治維新の頃。跡を継いだのは長男で同名の長岡利兵衛ですが、弟の長岡栄二郎および両人の妻も寄留者の世話をしていたようなので、長岡家を挙げてこの仕事に携わっていたのです。

写真３－８　現在の聖護院

ところが、一八七三（明治六）年に転機がありました。長岡利兵衛は聖護院末寺の定泉院を訪ね、「御維新ニ相成モ矢張大日堂ハ聖護院支配カ否尋問」したというのです。利兵衛のこの行動の背景には、廃仏毀釈の波の高まりがあったと思われます。後に詳しく見ますが、京都府ではこの頃仏教界は大変なことになっていました。特に聖護院を本山とする修験道は、一八七二（明治五）年九月一五日付太政官布告により禁止令が出されていました。利兵衛はそのことを承知の上で、「矢張大日堂ハ聖護院支配カ否」か問いただしたのでしょう。定泉院は、住職は一寺に限るという布告が出たのを理由に、大日堂は村が管理するのがよいだろうと答えたというのです。

利兵衛はおそらく、定泉院へ上納金等を納めなくてもよくなることを期待してこうした行動をとったのでしょうが、廃仏毀釈の高まりによって、久世大日堂は聖護院・末寺の影響下から離脱し、独自の運営をするようになったのです。以後長岡家は下久世村の木村利助という農民を雇い入れ、寄留者の賄いなどをさせたというので、このままいけば大日堂での精神障害者受け入れの仕事は、長岡家だけでなく下久世村の住民にもさらに拡大していったかもしれません。利兵衛は山伏の風体をしていたかどうかは記されていませんが、朝夕大日堂に参拝し、堂前の池の水を手桶に汲んで患者にかけるなど「水療治」をしていたというので、やはり善定以来の宗教的な治療行為を行っていたのです。

廃仏毀釈と癲狂院

ここで本題から少しそれますが、この件に関する京都府の動きの背景を理解するため、癲狂院開設に至る経緯を見ておこうと思います。第二章でも触れたように、京都府は非常に熱心に廃仏毀釈に取り組みました。特に第二代知事槇村正直（在任一八七五（明治八）年七月～一八八一（明治一四）年一月）は、一八七一（明治四）年大参事に就任以降府政の実権を握り、山本覚馬[46]や明石博高（ひろあきら）らの人材を活用して様々な近代化政策を進めますが、それと並行して仏教への弾圧といってよいほどの厳しい施策を次々に行いました。例えば一八七二（明治五）年には、「非科学的」との理由で大文字送り火をはじめとする盆行事を禁止したり、市中のお地蔵さんを撤去させたりしました。彼の中では明治新政府の政策でもあり、京都の近代化のためには仏教界に厳しく対処するのが当然という思いがあり、整合性はとれていたのだと思います。

この結果長い歴史を誇る京都のお寺も大きな危機に見舞われました。寺院の所有地はすべて境内地以外は上知（没収）、末寺支配についても厳しく整理を迫られました。京都仏教界では、生き残りをはかるため、岡崎願成寺住職与謝野礼厳、禅林寺（永観堂）前住職東山天華、慈照寺（銀閣寺）住職佐々間雲巌、鹿苑寺（金閣寺）住職伊藤貫宗らが中心になって、医療など社会活動の展開に活路を見出そうとし病院設置のための募金活動などを行いました。この動きを受けて府の施策につないだのが明石博高です。四条堀川西の薬種商の家に生まれ、医学を志

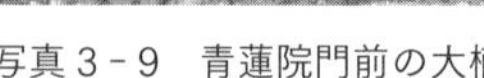

写真３－９　青蓮院門前の大楠

して西洋医学に触れ、また京都舎密（せいみ）局(47)の創設にも関わりました。彼は僧・忍向を師として国文や歌を学び歌人としても活動した人なので、内心京都仏教界の苦境には心を痛めていたのかもしれません。

明石が中心になり、一八七二（明治五）年九月にドイツ人医師ヨンケルを招いて木屋町二条に療病院を仮設置、一一月に青蓮院に移転し京都療病院を開設しました。さらにその三年後、療病院付設という形で南禅寺方丈に癲狂院を開院したのです。

そして病院設置運動に関わった僧侶の中で、東山天華は癲狂院事務掛に任じられ、南禅寺塔頭寿光院(48)住職であった日野西観道(49)は癲狂院玄関取次に採用されています（「癲狂院一件」）。このように、療病院と癲狂院開設事業は、廃仏毀釈により危機に立たされた京都仏教界の救済という側面もあったのです。また青蓮院や南禅寺といった京都でも格式を誇る古刹が、方丈などを病院施設に転じるというのは現在では考えられないことですが、当時としては生き残りをかけた止むにやまれぬ選択だったのです。

大日堂と下久世村

「癲狂院一件」には、次のような「御請書」が綴られています。

御請書

乙訓郡第一區久世村

當村内大日堂大日如来へ狂人平愈祈願ノ者預リ来候處今般療病院於テ癲狂院設立相成候ニ付向後右狂人預リ御差留メ之旨御達ニ相成承知仕候間此段御請書奉差上候以上

八年七月廿七日

右戸長代

山村庄藏　印

權知事槇村正直代理

京都府權参事国重正文殿

この「請書」は乙訓郡第一區久世村戸長（代理）名で出されていますが、この前年・一八七四（明治七）年に下久世村、中久世村が合併し久世村になっています。[50] 京都府がその（新）久世村に対し癲狂人預かり禁止令を出したということは、癲狂人受け入れが長岡家だけでなく、下久世地域に一定の基盤があると判断したためでしょう。この差止令は、同時に岩倉村へも出され、岩倉でも精神障害者受け入れは一旦中断しましたが、その後一八八四（明治一七）年に近代的精神科病院（岩倉癲狂院[51]）が設置されて患者の医療を担い、患者は地元農家が経営する「保養所」（元の「茶屋」が転じたもの）に滞在するという体制ができて復活しました。久世ではそういった体制ができなかったため、以後病者の受け入れはされなくなりました。大日堂もなくなり、今では地元でもそうした歴史があったことさえ知っている人は少なくなっています。

しかし、久世大日堂に精神を病んだ人たちが回復を願って寄留し、下久世の人たちがそれを受け入れ（滞在費をとっていたにせよ）共に暮らしていた歴史が消えることはありません。また、京都府吏員・山根による報告書（上記）は、久世大日堂での癲狂人受け入れに関して完全に否定的な評価をしているわけではない点にも注目したいと思います。例えば、月二回出す御膳に対し、通常の飯料とは別料金を課してはいるが強制はせず本人に任せているとか、堂前の小池の水を手桶に汲んで二〜三杯患者にかける（水治療[52]）が、嫌がる時は行わない、など聞取りに対する当主・長岡利兵衛の言い分をほぼそのまま報告していると思われること等。これは、長岡家が副収入を得るという動機はあるものの、それだけではなく、患者の狂気からの回復への願いを共有し、サポートするという姿勢を調査者が感受したためではないでしょうか。

さらに、山根報告の中で私が注目したいことがあと二点あります。その一は、大日堂には精神障害者だけでなく、「放蕩無頼ノ者」も寄宿していて、なかには華族の花山院家令嬢も癲狂ではないがここに来ていたと聞いた、と記していることです。これが事実であるとすれば、大日堂に寄留していた人たちは精神障害者だけではないということになり、集団の性格がまた違ってくると思います。「放蕩無頼」とは、辞書には「酒色にふけり、勝手気ままに振る舞って品行の定まらないさま。『放蕩』はほしいままに振る舞うこと。酒色におぼれて身もちが定まらないこと。『無頼』は定職をもたず素行の悪いさま。」（『三省堂新明解四字熟語辞典』）と記されていますが、「身を持ち崩す」というか、正常な社会生活から脱落した人、というイメージでしょうか。華族の花山院家令嬢がここに来ていたという件について調べようとしましたが、どうにも資料が見つかりませんでした。事実が確認できないので、これ以上は推測になってしまいますが、もし精神障害者と「放蕩無頼」者が大日堂でともに暮らしていたとすれば、彼らが時には支え合ったり、「社会復帰」に向けて励ましあったりしていたもしれません。少なくとも、常時いがみ合っていたのでは、共同で生活はできなかったと思います。

善定の行方

あと一つ山根報告書で気になるのは、先代長岡利兵衛の前に大日堂を主宰していた善定という山伏のことです。報告書では、彼は元々隣村・大藪村の在で、大日堂を去ったあと同村の山本惣兵衛という者を養子にし、自身は清水坂あたりに転居、さらに丹波に移ったなどとかなり詳しくその動向について記しています。調査者が善定に関心を持ったのは、大日堂のそもそもの成り立ちを知りたかったからでしょう。これについて当時は結局よく分からなかったのだろうし、今となってはさらに霧の中に沈んでしまっています。しかし、大藪村、清水坂、丹波という彼の足跡からおぼろげに浮かんでくるのは、彼は被差別身分の出ではなかったかということです。まず大藪村在と書かれていますが、大藪村と築山村の境界に被差別部落である昇揚村がありました（この章の最初に記しました）。同村は本郷は築山村とされていますが、明治になって平民戸籍に編入され、大藪、築山両村に分属しました。[53] 調査時点では旧昇揚村は大藪村、築山村のどちらかになっているので、善定が昇揚村の人だった可能性があります。また、彼が清水坂あたりに転居したと記されていますが、清水坂は犬神人と呼ばれた被差別民の本拠地で、彼らは正月二日に山伏の装束を纏って同地にあった愛宕念仏寺に集まり、「天狗の舞」を舞うのが習わしでした。[54]

さらに善定は丹波に移ったとのことですが、丹波のどこと記していないので詳細は分かりません。ただ、丹波から来た山伏というのは、別人ですがこの後に記す（上久世）蔵王堂に関わる経緯にも登場します。このあたりは見えない蜘蛛の糸というか、何かのつながりを感じるのですが、今は史料によって明らかにすることはできません。

では、見えない蜘蛛の糸に引かれて、次に上久世の蔵王堂に話を移したいと思います。

三、久世上久世町近辺

蔵王堂

蔵王堂はいま、光福寺という西山浄土宗の寺院の境内にあります（地図1、2のH地点）。かつてこのあたりは、桂川の沖積地とは思えないほど大きな森（蔵王の森）がありました。今は少し小さくなっていますが、その

写真３－10　光福寺蔵王堂

南端から北へ参道が延び、奥まったところに蔵王堂があります。参道の入口には鳥居があり、その傍に縁起を記した看板がたっています。要を得た文章なので引用します。

> 當寺は天暦九年（九五五）村上天皇の勅願寺として、開基浄蔵貴所によって創建された。當時平安京の東北の表鬼門比叡山に対して、西南の裏鬼門の寺として京城を鎮護する役割を担っていた。時の侵蝕には抗しえず現在八堂宇をかろうじて構えているのみであるがそれらを覆う「蔵王の森」は糺の森藤の森とともに古来京の七つの森の一つに数えられ、往時の名残を今にとどめている。室町時代から江戸時代を通じて、近郷民衆の諸事集合の拠点に用せられ、當寺発祥の久世六斎念仏はその民衆的心情を伝える無形文化財として現在も人々に珍重されている。

当寺を開いたとされる浄蔵貴所（八九一～九六四）は、様々な伝説の持ち主です。例えば、彼が熊野で修行中、父・三善清行が亡くなり、急遽帰京したところ、葬列がちょうど堀川一条の橋を渡っているところだった。浄蔵が祈祷すると父は一時蘇生し再会を果たしたことから、堀川一条橋は「戻橋」と呼ばれるようになった、など。[55]また祇園祭山鉾のうち山伏山（鉾町は室町通蛸薬師下る）御神体人形は、浄蔵貴所が大峰入りする姿を現していて、現在でも山鉾巡行に先立ち、聖護院から山伏が会所に来て祈祷するそうです。つまり、蔵王堂（光福寺）も下久世の大日堂と同じく修験道・山伏と深く関わり、地元の人たちの神仏混交的な信仰を集めてきました。

寺伝によると、平安時代に京の裏鬼門（坤）を守護する役割を担って開基されたということですが、地元・上久世にとっては「室町時代から江戸時代を通じて、近郷民衆の諸事集合の拠点」だったのです。一四六二（寛正三）年一一月、上久世の農民たちが領主の東寺に対し、「一揆に決して加担しない。もしこの約束を破れば、日本全国の神々、とりわけ当地の氏神・蔵王堂の神罰を各人が受ける」という連判起請文を差し出した件については本書第一章（三七ページ）で記しました。こういった起請文を出すのか否か、農民たちは何度も蔵王の森に集まり、議論したのではないでしょうか。

中世期から地域社会の紐帯の場だった蔵王の森・蔵王堂は、近世に入ると都市近郊特有の変貌も経験したようです。

産神綾戸大明神御祭礼之事

一、御当社御祭礼は恒例四月巳ノ日、支干（干支）三ッ有レは、中二ッ有月は始之巳日御祭礼御座有候処、正保年中頃、当所え丹州より来り候顕智と申行人、近国近郷ニ而水行加持仕、近辺ニ名高成而、他力を以直ニ当村光福寺境内ニ今之蔵王堂を建立仕、諸人をなつけ、此所之祭礼を吉野之権現之祭ニ仕替忠（只）今ニ至候次第、古老申残候故、兼々神事前後ニは申出候而懐旧仕来候処、昨々年より頻ニ吉野之もらい祭勤候事、不忠神ニ存じ候間、昔之月日天下大平此所安全之祭礼相勤度と、村老若共ニ申候故、社家えも会談仕候処、御当社は伊弉諾尊之御子神九柱之内ノ御神ニ而、日神勿論之御神を他之祭ニ配する事残念之至御座候との事故、弥一郷産子中、従二今年一昔之御祭之月日ニ神祭可レ致申ニ付、古例之通ノ丑日御忌竹建致祭ニ入、巳ノ日御神祭仕、酉ノ日散祭ニ而、忌竹を抜レ可申候。右御届改申上候。以上

上久世村庄屋総代
善右衛門　印

同　産子惣代
　　藤右衛門　印
神主
　　松本豊前　印

天明四辰年三月

吉田二位様
御内諸大夫中

本文書[56]の宛先になっている「吉田二位様」とは、当時神社関連の許認可権を握っていた吉田家のことで、同家宛上久世村庄屋・綾戸神社神職連名で同神社の祭礼を以前の通り四月の巳の日に戻したいと届けています。この頃綾戸社の祭礼は、月日は記されていませんが吉野蔵王堂の祭礼日に合わせて行われていました。そうなったのは、正保年間（一六四四～一六四八）に丹州（丹波）から当地に来た顕智という行者が、この近辺で水行の加持を行って評判になり、その挙句光福寺境内に「他力を以（もって）直ニ」今の蔵王堂を建立[57]し、その挙句に綾戸社の祭礼も吉野蔵王堂祭礼と同日に変えてしまったというのです。さすがに古老などから苦情が出たため元の祭礼日に戻したいと記しています。都市近郊＝境界ゆえに様々な外部からの異質な文化が流入し、それらへの頑な忌避感情もないために、変わり身は早いけれども、やはり時々は土着の文化との軋轢も起こるという一事例ではないでしょうか。

私には、この顕智という山伏と、大日堂にいた善定が重なって見えるのです。

またこの頃には既に蔵王堂境内で久世六斎念仏が行われていたと思われます。久世六斎念仏は、今も京都周辺に伝わる六斎念仏踊りの一つで、地域の人たちによって熱心に受け継がれています。

このように見てくると、久世蔵王堂・蔵王の森は、昔から多様な文化要素がここに集まり、それらが民衆文化として渾然と溶け合い、変容する場だったといえるでしょう。

久世六斎念仏

私は二〇一八（平成三〇）年八月三〇日に初めて久世六斎念仏を見に行きました。この日は午後から生憎の雨でしたが夕刻にはあがりました。光福寺に近づくにつれ、六斎見物に向かう人の数が増えてきました。遠くからというより近在の人たちが三々五々出かけるという感じです。参道に続く道の両側に露店が並び、立ち止まっている人が多いので人波を縫ってしか前に進めません。露店は金魚すくいやスマートボールなど昔懐かしいものも多くあり、今の子どもたちにとっては却って物珍しいかもしれません。ようやく鳥居を潜って参道に入りましたが今度は舗装されていない地道を雨上りに大勢の人が歩いたので泥濘になり、歩くのが大変です。ようやく六斎念仏が演じられる拝殿前に着きましたが既に大勢の人たちが並べられた椅子に座って待っていました。時刻になると光福寺の住職が蔵王堂に上がり仏事が始まりました。まず般若心経などの読経がマイクを通じて流され、続いて六斎念仏を演じる人たちが西国観音札所の御詠歌をいくつか詠じました。「宗

写真３－11　参道のスマートボール露店

写真３－12　「獅子と土蜘蛛」の一シーン

教的」なのはここまでで、あとは伝統芸能としての六斎念仏踊りが次々に演じられます。吉祥院六斎念仏でもそうでしたが、「四つ太鼓」などの演目で子どもたちが次々に登場し、この芸能を次世代に継承することに力が入れられていることが分かりました。

演目が進むにつれ難易度が高くなっていき、トリの「獅子と土蜘蛛」で終盤に碁盤を積み重ねた上で肩車した二人が逆立ちする場面で最高潮になります。演じる人たちの緊張感が伝わってきて観客もハラハラする中で、演技が決まると会場全体が大喝采に包まれました。

久世蔵王堂・蔵王の森が、今も久世の人たちにとって集いの場であることが実感できたひとときでした。

綾戸社と国中社

上久世に鎮座する現在の綾戸国中神社（地図1、2のG地点）は、かつては綾戸社と国中社という別々の神社でした。いつからは明確には分かりませんが、両社は合体して綾戸国中神社になりました。その所在地も変遷があります。同社の社伝[58]には大要次のように記されています。

綾戸社は桂川の安穏を祈願する社として元は大井社と呼ばれていたが、天暦九（九六五）年綾戸社と改称された。また國中社は本来蔵王の杜（現光福寺蔵王堂）に社地があって中世には牛頭天皇社とも呼ばれていた。古くには久世郷全体の郷社であったと推定される。戦国時代、國中社が綾戸社の境内に移され、以来綾戸國中神社と称するようになった。社殿は昔は西向きの二社殿であったが昭和九年の室戸台風によって倒壊したため、約二十メートル北の地に神社本来である南向きの一社殿二扉の本殿と拝所を昭和十一年秋に再建、その後拝殿、神饌所が造営され神社としての形態を整えてきた。しかし、昭和三十九年に東海道新幹線の開通工事のため社殿等を東に移転し現在の形態となった。

写真３－１３　綾戸国中神社

享保年間の地誌書である『五畿内志』[59]は、延喜式神名帳に乙訓郡の一座として記載されている國中神社について「在所未レ詳」としており『京都・山城寺院神社大辞典』（平凡社一九九七）はこれを引用して「近世にはその所在が不明になっていたと思われる」と記しています。また綾戸社について、『五畿内志』は、同じく乙訓郡の式内社である茨田神社も所在不明だが、今上久世村にある綾戸社に比定する説もあることを紹介しています。

國中社が元は蔵王の森にあり、牛頭天皇社とも呼ばれていたという社伝の記載も含め、近世以前については今のところ史料的な裏付けがなく確定的なことはいえないと思います。

ただ、一八七〇（明治三）年の「上久世村内社寺数取調帳」[60]（京都府宛）に、「一、大井社國中社神主松本神雲済」「社二ヶ所」と記されているので、明治初には綾戸社は大井社と呼ばれ、神主は國中社と兼務していたことが分かります。ただこの記載では社地が既に一体化していたのかどうかは分かりません。

この綾戸國中神社のご神体である「駒形」は、京都最大の祭とされる祇園祭に際し、なくてはならない役割を担います。これについて、次に見ていきたいと思います。

駒形稚児

京都の夏を彩る祇園祭は、八坂神社（旧祇園社）の祭りである神輿渡御（神幸祭、還幸祭）と、鉾町の町衆の祭りである山鉾巡行とが合体したものです。その長い歴史の中で、七～八歳の男児から選ばれる稚児が重要な役割

写真３－14　胸に駒形を奉持した稚児。神幸祭前に八坂神社拝殿を馬上で三周する

を果たしてきました。稚児は無垢の存在として神が依り代とするとの信仰が古くからあって、祇園祭では長刀鉾で巡行開始時に「注連縄切り」をする稚児が有名ですが、神輿渡御で重要な役割を果たすのが久世駒形稚児です。毎年七月一三日に「稚児社参」という行事が行われますが、長刀鉾の稚児と、久世駒形稚児の社参は様子が違います。長刀鉾稚児は「位もらい」といって祇園の神から「五位」の位を頂くために社参するのですが、久世駒形稚児のほうは単なる社参で、七月一六日の神幸祭本番では、馬上のまま八坂神社南門を潜り、拝殿を三周してから本殿に昇殿します。それは、駒形稚児が神そのものであり、「位」をもらう必要がないからとされています。

駒形稚児が神そのものになるのは、胸に「駒形」を掛けているからです。この駒形には、八坂社の祭神であり三基の神輿のうち中御座に乗って御旅所に動座する素戔嗚尊の[61]「荒御霊」が宿っていて、これが八坂社に鎮座する素戔嗚の「和御霊」と合体しなければ神輿は動かせないとされているのです。また神幸祭（七月一七日）と還幸祭（七月二四日）の神輿渡御に際しては、駒形稚児が神輿列の先導役を務めます[62]。

駒形がなぜ久世から来るようになったのか、またそれはいつからなのか、詳しいことは分かっていませんが、江戸時代の京案内である「菟芸泥赴」（一六八四（貞享元）年刊）「山城名跡巡行志」（一七一一（正徳元）年刊）などには、祇園祭の駒形稚児は久世から来ると記されています。

また八坂神社文書の中に、一六九四（元禄七）年九月一二日付「上久世駒形神人松井五左衛門証文写」と題する文書[63]があります。これは松井五左衛門が吉田家からの許状[64]を受けたことに際し、謹んで役目を務めるとの請書です。つまり、元禄期には駒形は既に上久世駒形神人の管理下にあったことが分かります。しかし、それ以前の一七〇年間ぐらいは駒形に関する史料が見つかっておらず、空白期間になっています。

少将井駒形神人

駒形に関しては、河原正彦による詳細な研究[65]があります。以下それに拠って、駒形に関わる歴史を略述します。

駒形は古くは「駒頭（こまがしら）」と呼ばれていて、一二世紀後半に描かれた『年中行事絵巻』に、馬上で駒頭を奉持し神輿に供奉する「少将井駒形稚児」の姿が描かれているので、古代末には既に行われていたようです。また駒頭を奉持する稚児が祭礼列に供奉する風習は、祇園祭だけではなく、石清水八幡宮や御霊社祭礼でも行われていました。また稚児は単独ではなく、奏楽を伴う田楽座衆に挟まれて行進していたらしく、芸能との関係があったようです。

駒頭は元々朝廷近衛府の官人が行った「駒形舞」など宮廷儀礼で用いられたもので、それが風流化して、祭礼行列での駒形稚児供奉につながったとみられます。祇園祭は元々御霊会（ごりょうえ）として官祭的性格を持っていますが、近衛府での左右両部制[67]の確立とともに、祇園社でも本社と並び少将井御旅所が重視されるようになりました。祇園祭にはこの御旅所に頗梨采女（奇稲田姫命）[68]を祭神とする少将井神輿（現在の東御座神輿）が渡御するようになり、そこでは少将井駒形神人と呼ばれる人々が活動していました。「少将井駒形座中」にあてた文書があることから、彼らはある種の「座」を形成していたようで、その座主と思われる少将井駒大夫という人名も文書に見えます。この時期、駒頭は彼らの管理下にあったらしく、祇園会での駒形稚児供奉も司っていたようです。

このように見て来ると、駒頭（駒形）をめぐる歴史の重要な舞台として、少将井御旅所について検討しておく必要があると思います。この御旅所はいつ作られたのか明らかでありませんが、一一三六（保延二）年鳥羽院の勅願で冷泉東洞院方四町[69]が施入されたのが始まりと記録（「八坂神社記録下」）されています。しかしそれ以前の一一一七（永久五）年および一一三一（天承元）年の二度にわたり「祇園別宮少将井殿」の焼亡が『百錬抄』に伝えられています[70]。つまり、一二世紀初頭には少将井御旅所は既にあったとみられます。

近世初までは、現在の車屋町通夷川上る付近にあり、「少将井御旅町」「少将井町」という町名が現在も残っています（写真3－15）。御旅所付近には「少将井」という井戸があり、祇園会神輿渡御の際、この井戸の井桁に神輿を置いて疫病の退散を祈ったという伝承があります。河原正彦は、少将井への信仰は母神としての頗梨采女（奇稲田姫）信仰と、災厄を浄化する霊水霊井信仰が結びついたものだが、「少将」という井戸名は近衛の少将に起因することは間違いないと記しています[71]。

なお、同地付近には豊かな地下水脈が通っていて、かつてこの付近（御所周辺）に二百軒もの造り酒屋があったといわれています。今も堀野記念館[72]（堺町通二条上る）の敷地内にある通称「桃の井」（写真3－16）からは、一年を通じ水温一六度、毎分三トンの地下水が湧いていて、その水は同地での地ビールの醸造に使われています。少将井から湧く清冽な水は、災厄を流し清めてくれるものとして、信仰の対象になっていたのでしょう。

写真3－16　堀野記念館前の「桃の井」碑

写真3－15　少将井御旅町の住所表示

駒頭の行方

祇園祭は応仁・文明の乱の混乱により一四六七（応仁元）年から中断され、三三年後の一五〇〇（明応九）年にようやく復活しました。ところが、祭の再開にあたって少将井駒太夫家には「駒頭」がなかったのです。それは質物として御霊社東女坊の神子（巫女）奥女方[73]にとられていました。駒太夫は戦乱の世で祇園会も中断されたためかお金に困って大切な駒頭まで質草にしてしまったのです。しかし駒太夫は、借金は元利ともに完済したのだが、家が狭く駒頭を安置する場所がないので預け賃を払って東女坊方に預けていたのであって、駒頭が祭礼奉仕に必要になったのに東女坊が返してくれないとして、室町幕府に訴えました。この訴訟は約二〇年間続き、訴訟関連文書が八坂神社文書に多く残されています。

この間訴訟は決着がつかないまま、幕府の斡旋により所有権の問題は棚上げにして祇園祭に際し駒頭は御霊社巫女から一時的に返されて神幸列に際して稚児が奉持してきました。しかし、一五二一（永正一八）年、駒頭を御霊社祭礼時には巫女方にも貸し出すとの条件付で、祇園執行御坊[74]に返還されたことをうかがわせる史料[75]があり、この頃には既に解決していたと思われます。

以後駒頭の管理は少将井駒太夫家の手から離れたようですが、前に記したように駒頭の件は史料に登場しなくなります。

その後少将井御旅所自体も終末を迎えました。一五九一（天正一九）年、豊臣秀吉が京都都市改造の一環として、大政所御旅所と少将井御旅所を移転し、現御旅所（四条寺町西）に統合を命じたのです。大政所御旅所があったのは、烏丸通仏光寺下るの地で、今も跡

写真３－17　大政所御旅所跡　烏丸通四条下がる

写真３－18　少将井神社（宗像神社内）

地に小祠が祀られています（写真３－17）。少将井御旅所跡にも牛頭天王社の祠がありましたが、一八七七（明治一〇）年京都御苑のなかの宗像神社内に移されました[76]（写真３－18）。

現在でも、後の祭りの七月二四日に八坂神社の神職が宗像神社に参拝し、神饌を供えて祇園祭の斎行を報告するそうです。

さて、少将井駒形神人の活動の本拠であった少将井御旅所が廃絶したあと、彼らはどこに行ったのでしょうか。統合された新御旅所に活動の場を移したのか（統合後の御旅所にも少将井社があった[77]）、あるいは別の本拠地に移動したのか。この時期は駒形に関する史料の空白期（一五二二年～江戸初期）にあたるため、今は史料に拠っては明らかにできません。

駒形自体は、その管理権をめぐって様々な出来事がありましたが、その間も神の魂が宿る信仰の対象として、代替物が使われたり新造されたりすることはなかったようです。駒形が上久世に移り、祇園祭に際しそこから駒形稚児が出向くようになった経緯は明らかではありませんが、河原氏は「駒形の供奉職は、名称と信仰においては少将井駒形座から上久世駒形神人へと継承されたものと考えてよいものと思われる[78]」と記しています。

ここから先は仮説というか推測になるのですが、私は少将井駒形神人は少将井御旅所廃絶後、その活動の場を久世蔵王の森に移した可能性があるとみています。國中神社は元蔵王の森にあり、牛頭天皇社と呼ばれていたとの社伝とも整合します。駒形が久世に移ったことは間違いないので、少将井駒形神人がそのまま久世に移動して久世駒形神人になったと想定するのが一番自然であり、祭祀の継承という面でもスムーズだったのではないかと思います。

上久世村としての供奉

この後祇園会に際しての駒形稚児の供奉は、久世駒形神人だけでなく上久世村として奉仕する形になっていきます。どうしてそうなったのかは分かりませんが、久世の農民にとって京都最大の祭である祇園祭の重要な役割を担うのは名誉なことであり、駒形稚児を送り出す営みは次第に彼らにとっても大切な年中行事になっていったのではないでしょうか。しかし、駒形稚児を迎え入れる地元・祇園の側は、必ずしも好意的な対応ばかりではなく、祭の高揚に任せて遠路久世から来た人々に礼を欠く仕打ちをしたこともあるようです。少し長いですが、次の史料を見てみましょう[79]（原文を書き下してあります。[80]）

恐乍ら願い奉る口上書

一、当社牛頭天王御駒頭の義は、毎年祇園会
六月七日十四日両度の祭礼相勤め申し候。尤も、御神役料等も
無く御座候えども、往古より古例を以って相勤め来たり候ところ、
昨日七日例年の通り祇園会神輿御迎に参り申し候。
祇園よりも御迎登山致され候当村方は先供にて、殊に
神馬御座候につき例年下八軒にて馬立候を、祇園社中より
見合さるべく申す所、今年新規に見合わず申し行違い致されて
神馬を道中の場所之無き所にて片寄せ候様理不尽に
申し懸り、此の方馬付のものを打擲仕りあまつさえ棒にてみけんに疵を
付け、その上神馬稚児之装束等迄破り、神馬驚き候につき
馬付の者警固竹を以って拂い候ところ、警固竹先方より引取り

怪我仕り候て、此の方より打擲仕候などと申し懸け、大勢取り集り
却って村方の者を打擲仕り難儀仕り候えども、御祭礼先故
怠りなく相勤め罷り帰り申し候。前段に申上げ候通り、神役料と申す義は
御座無く別して村方困窮に及び罷有候得共古例と存知
相勤め申し候処、近年祇園社中の者共我儘を
申新規成る事を仕り、かようの義も出来仕り候て、恐れ乍ら
右の段々来聞こし召され分、是迄の通り祭礼式
神妙に相勤め申され候や、又は私共祭礼不参仕候様御
慈悲の上祇園社中召出され如何様共為され仰付け
下され候はば有難存知奉るべく候　　以上

宝暦十二年

午六月八日

綾戸大明神　神主

牛頭天皇　松本豊前

庄屋　藤右衛門

同　与左衛門

同　儀右衛門

同　金右衛門

この文書を逐語的に現代文に直しながら、事件の状況を見ていくことにしましょう。

「当社（綾戸国中神社）の牛頭天皇駒頭供奉については、毎年祇園会の（旧暦）六月七日（神幸祭）と一四日（還幸祭）の二度祭礼奉仕をしてきました。ただし、神役料など頂くこともないのですが、昔からの慣例でお勤めしてきました。」

ここまでは前段です。この時点（一七六二（宝暦一二）年）では、祇園会での駒頭（駒形）稚児の供奉は「古例」＝昔からの習わしになっていて、しかも神役料（神役に対する対価・報酬）ももらっていない、つまりボランティアとして参加していると述べています。

「昨日七日に例年の通り祇園会の神輿迎え（神幸祭神輿渡御の準備）に参りました。祇園地元の方々も神輿迎えに向かわれましたが当村は神幸列の先導役であり特に（稚児が乗る）神馬もいるため、例年下八軒というところで馬立てするので祇園社中の人たちにはお互いに様子見をしようと申し合わせていたのですが、今年は先方がそれをせず、行き違いになってしまいました。」

例年なら久世の人たちと地元祇園の人たちが狭い道で出会わないようにお互いに様子見をすることになっていたのだが、今年は先方がそれをせず、当方は先導役なので馬立て（乗馬の準備）を済ませて出発したところ、先方と鉢合わせになってしまったというのです。

「先方は場所がない所で神馬を端に寄せて道を譲れと理不尽に言ってきて、当方の馬付きの者に殴りかかり、あまつさえ棒で眉間に負傷させ、その上稚児の装束等まで破ってしまいました。神馬が驚いたため馬付きの者が警固竹で払ったところ、その警固竹を先方が奪い、そっちが先に手を出したなどと言って大勢が集まり、村の者を殴って怪我をさせられ、難儀しましたが御祭礼（奉仕）が優先なので怠りなく勤めて帰りました。」

この部分はあえて説明の必要がないほど具体的に当時の状況が記されています。祇園社中の人たちが久世から来た人たちに道を譲れと言って乱暴狼藉を働いたのだが、自分たちは祭礼奉仕が優先と思い我慢したというのです。

「前段に申し上げたように、神役料は貰っておらず、村方は困窮しているが古くからの習わしと思って勤めてきましたが、近年祇園社中の者たちが我儘を言うようになり、以前にはなかったことをするようになり、今回のような件も起こりました。恐れ入りますが、以上のような経緯を承知いただいた上で、今まで通り神妙に祭礼を務めるのか、または私どもは祭礼不参加にしていただいた上で、祇園社中にいかようにでも勝手にするよう申し付けていただければ有難く存じます。」

久世の人たちの怒りが伝わってきます。この口上書は事件の翌日・六月八日に奉行所宛出されているので、七日の帰村後は村中がこの話で持ち切りになり、綾戸国中社の神主や村の庄屋・年寄らが緊急に会合して急遽この文書をまとめたのでしょう。「神役料をもらっていないのに」ということを二度も述べていますが、自分たちが無償で奉仕しているのに、どうしてこんな目に遭わなければならないのか、というのが率直な気持ちだったのでしょう。

この件は結局どうなったのか、史料を欠いているので分かりませんが、祇園社中の側が詫びを入れたのか、奉行所や祇園社のとりなしがあったのか、上久世からの駒形稚児供奉はその後も続きました。

久世駒形稚児に関する史料としては、この後、一七八三（天明三）年六月五日付のものがあります。これは祇園社代山本陸奥守宛「請書」の形式をとっており、前回のものとは違ってひたすら低姿勢で、詫び状のような内容になっています。

以下概略を記すと、その前年の六月一四日に稚児が不参であったあと様子を伺ったところ、「勝手次（好きなようにせよ）」との返答だったので、今年も不参にしてしまったのだが、その結果神事に差支えがあるので従来の通り供奉せよと仰付けられた。村方は格別の不作や桂川の水害などで困窮し、その結果不参になってしまったこともあるが、今後はもしそういった場合は必ず事前に届け出る、などと述べています。

このような史料を見ると、現在のように安定的に久世駒形稚児が供奉するようになるまでには、いろいろな紆余曲折があったことが分かります。

近世以降駒形稚児が久世から出るようになって以後は、久世と祇園社地元とは、一種の緊張関係にあったともいえるでしょう。一七六二（宝暦一二）年の事件では、久世側は「場合によっては久世からの供奉をやめる」と強い態度をとっていますが、この裏には駒形稚児が来なくなれば祇園社地元も困るだろうという見込みがあったからと思われます。「久世からの供奉をやめるからあとは勝手にして」と言われても、祇園社地元は駒形稚児の先導がなければ神輿渡御はできないという習わしになっているので困るだろうとの読みがあったと思われます。

反面、久世の人たちにとっても、本当に祇園祭での供奉をやめることになれば、年に一度の「晴れ舞台」の機会がなくなることになり、そうなってしまう事への危惧はあったのでないかとと思います。

こういった中心と周縁との緊張関係については、後で改めて整理したいと思います。

【注】

(1) 久我家領本久世庄検注帳(『久我家文書』第二巻、六一四号三一。
(2) 大正一一年京都市三千分ノ一都市計画図。
(3) 田良島哲「中世の清目とかわた村」(『京都部落史研究所紀要五』一九八五)。
(4) 井上清ほか編『京都の部落史四史料近世一』「概説」京都部落史研究所一九八六、六ページ。
(5) 吉村亨「近世山城国の斃牛馬処理件に関する一考察」(『京都部落史研究所紀要三』一九八三)など。
(6) 四条室町角を起点に四方を持ち場区分した(洛中町組は除く)。艮(北東)は荻野氏、巽(南東)松尾氏、乾(北西)五十嵐氏、坤(南西)松村氏。
(7) 実際には京都以外の村々は人足を出さず「代銀」を納めていた。
(8) 京都の牢屋敷は小川通御池上がるにあったが宝永五(一七〇八)年の大火のあと六角通神泉苑西に移転した。
(9) 京都近郊の穢多村寺院はすべて金福寺を本山としていた。同寺は西六条天使通にあったが明治初火災にあい丹波新水戸に移転した。
(10) 『京都の部落史四史料近世一』五五三ページ。
(11) 京都市編『史料京都の歴史一三南区』平凡社一九九二、四七六ページ。
(12) 同前。四五六ページ。
(13) 同前。一四五~一四六ページ。
(14) 東町の北入口で桂川の堤防に臨む地点。現在の久世体育館北側付近。当時飲食店があり人々の溜り場になっていた。
(15) 八月九日には米一升の値段は五〇銭を越えていた。
(16) 井上清ほか編『京都の部落史二近現代』京都部落史研究所一九九一、一五二ページ。原資料は井上清・渡部徹編『米騒動の研究一巻』有斐閣一九五九。
(17) 同前。資料(表七)による。
(18) 嵐山からの木材運搬のため西高瀬川が千本三条まで延伸されたのに伴い、仲仕の統率などのため嵯峨から千本三条に進出してきた侠客。本名笹井三左衛門。
(19) 西三条部落では三一名が起訴され、最高刑懲役六年を含む全員が有罪判決を受けた。
(20) 一九二二(大正一一)年三月、当時日赤総裁の閑院宮載仁親王が公務のため日豊線に乗車して近くを通過するというので、別府市的ヶ浜にあった被差別集落を地元警察が焼き払ったとされる事件。

(21) 篠崎は恐喝事件に関わって起訴され、のちに妻とも離別した（朝田善之助『差別と闘いつづけて』朝日選書一九七九、三九～四〇ページ）。
(22) 府庁文書知事事務引継演説書（井上清ほか編『京都の部落史八史料近代三』京都部落史研究所一九八七、二四六ページ）。
(23) 昭和一六（一九三一）年一一月「同和奉公会」結成など。
(24) 井上清ほか編『京都の部落史七史料近世二』京都部落史研究所一九八五、五三九～五四〇ページ。
(25) 一九三五（昭和一〇）年青年訓練所と統合し、青年学校となった。
(26) 天部の竹中庄衛門が私財を投じて設立・維持し、後に大将軍神社の境内に移って天部のコミュニティセンターの役割も果たした。
(27) 井上清ほか編『京都の部落史八史料近代三』京都部落史研究所一九八七、四一八～四一九ページ。
(28) 一九三五（昭和一〇）年当時の一円を現在の二五〇〇円として概算すると、約五五億七千万円にあたる。
(29) 『竹田の子守唄ふるさとからのうたごえ』部落解放同盟改進支部女性部二〇〇六、CD解説。
(30) 大衆小説誌『オールロマンス』（オールロマンス社）に京都市職員が東七条地区を題材とした差別的な小説を投稿・掲載され、部落の人たちの怒りをかった結果、対市交渉が行われ、部落差別に対する行政の不作為が問われるきっかけとなった事件。
(31) 一九六九（昭和四四）年七月に施行された同和対策事業特別措置法は当初一〇年間の時限立法だったが、一九七九（昭和五四）年に三年間延長された。久世大築町での公共事業は、この延長期と一九八二（昭和五七）年制定の地域改善対策特別措置法（二〇〇二（平成一四）年まで）に基づいて実施された。
(32) 新川下流側の築山町にも府営住宅が建設された。
(33) 『水吐の虹』二〇ページ。
(34) 現在は休止している。
(35) 温泉での宿泊研修を行ったとして補助金を交付されたが、該当する事実がなかったなどとされる件。
(36) 呉秀三・樫田五郎『精神障害者私宅監置の実況』（現代語訳・訳・解説金川英雄）医学書院二〇一二。
(37) 「松岡正剛の千夜千冊」〇四七〇夜小俣和一郎『精神病院の起源』太田出版一九九八への評。二〇〇二・二。
(38) 元武士で帰農した層が中心で、檀家を持たない大雲寺を支える活動をしていた。
(39) 中西宏次『京都の坂—洛中と洛外の「境界」をめぐる』明石書店二〇一六、一九三～一九九ページ。
(40) 岩倉から松ヶ崎に出るときの急坂。現在はトンネルとバイパス（高架自動車道）で通過する。
(41) 夫人は徳川秀忠の娘・和子、院号は東福門院。

(42) 中村治『洛北岩倉と精神医療　精神病者家族的看護の形成と消失』世界思想社二〇一三、一〇～一一ページ。
(43) 京都府社会課『洛北名物里子の話』一九二四によれば、当時岩倉村では九八名の里子を預かっていた。
(44) 小林丈広他監修『近代都市環境研究資料叢書三近代都市の衛生環境（京都編）四衛生誌④』近現代資料刊行会二〇一〇。
(45) この場合、山伏や祈禱師の異称。
(46) 旧会津藩の砲術家出身。新島襄夫人・八重の兄。
(47) 蘭語 chemie（化学）が由来といわれる。
(48) 寿光院は、境内地外の塔頭ということで廃寺とされ、その跡地は別荘地になった。
(49) 華族の日野西家出身だが、寿光院の廃寺により失業していた。
(50) 元来中久世村は、下久世村の枝郷であった。
(51) 現在のいわくら病院の前身。
(52) 小俣和一郎『精神病院の起源』太田出版一九九八。七五ページ、表－三に、「密教との関わりがある水治療施設」として岩倉大雲寺、高尾山薬王院などと並び、久世大日堂も記載されている。
(53) 『史料京都の歴史一三南区』四五六ページ。
(54) 犬神人は「つるめそ」「坂の者」などとも呼ばれ、祇園社に属して穢れを払う職分を担っていた。詳しくは中西宏次『京都の坂―洛中と洛外の「境界」をめぐる』明石書店二〇一六、第一章「清水坂」参照。
(55) 他にも、傾いた法観寺の塔（八坂の塔）を念力で元に戻した、など。
(56) 井上隆司家文書（京都市歴史資料館蔵）『史料京都の歴史一三南区』五一〇ページ。
(57) 寺伝でも、現蔵王堂の建立は正保年間とされている。
(58) 綾戸国中神社ホームページ http://www.ayatokunaka.com/　二〇二三年一〇月二五日閲覧。
(59) 正式名は『日本輿地通志畿内部』。江戸幕府の事業として享保一四（一七二九）年から五年間をかけ、編者の並河誠所らが現地を探訪、史料収集して記されたので、精度が高いとされている。
(60) 「井上（隆）家文書」京都市歴史資料館藏。
(61) 祇園社の祭神。元は渡来神・牛頭天皇が習合したもの。
(62) 神幸祭と還幸祭は別々の稚児が先導役を務める。
(63) 「八坂神社文書上」一三一九。
(64) 吉田家は「吉田神道」の宗家として江戸時代には各種免許の発行元としての権威を持っていた。

(65) 河原正彦「祇園祭の上久世駒形稚児について」『文化史研究』第一四号一九六二。河原正彦「古代宮廷儀式の社寺祭礼化—殊に祇園御霊会の駒形稚児をめぐって」『藝能史研究第七号』一九六四。

(66) 疫病の終息などを朝廷として祈願する祭。

(67) 九世紀末から一〇世紀初にかけて、宮中儀礼を司る近衛府が右近衛府と左近衛府の両部体制に再編された。

(68) 頗梨采女は牛頭天王の妻とされ、素戔嗚の妻・奇稲田姫と習合した。

(69) 冷泉通は現在の夷川通にあたる。

(70) 河原一九六四、二二ページ。

(71) 河原一九六四、二一ページ。

(72) 「キンシ正宗」の蔵元旧堀野家本宅跡に設置されている。

(73) 脇田晴子は、この巫女は「あるき巫女惣中」の支配者であったとしている（脇田『中世京都と祇園祭』吉川弘文館二〇一六、一四一～一四二ページ）。

(74) 祇園社の社務を司る社家である執行・宝寿院家の塔頭。

(75) 「八坂神社文書上」三〇〇。

(76) 現在は境内社・少将井神社として祀られている。なお、宗像神社は明治初まで花山院家邸内の社だった。

(77) 明治二（一八六九）年御旅宮本町・御旅町地割復元図にも神輿舎・神楽所の東側に「少将井社」があったことが確認できる（土本俊和「近世京都における祇園御旅所の成立と変容—領主的土地所有の解体と隣地境界線の生成」日本建築学会計画系論文集第四五六号一九九四）。

(78) 河原一九六二、二三ページ。

(79) 井上（隆）家文書（京都市歴史資料館蔵）。

(80) 史料の読解に関し当時京都精華大学人文学部教員の斎藤紘子さんのご教示を得た。

終章

「坤の境界」が持つ意味

久世橋より桂川上流を望む

一、地理的周縁と身分的周縁

京都の坤境界に位置する吉祥院と久世には、近世に被差別身分とされた人たちの居住地がありました。吉祥院は旧小嶋村（南條）、久世は旧昇揚村です。

これらの集落のルーツですが、昇揚村の場合、室町時代の史料により「清目」と呼ばれた人たちがこの地に居住していたことが確認できます。彼らは皮革や葬送に関わる業務を行いつつ、農耕もしていました。そして近世になると、大藪村と築山村の境界に位置する「かわた村（穢多村）」としての昇揚村になります。中世の「清目」身分の居住地が、そのまま近世の「穢多村」に移行したことが確認できる事例です（一三〇ページ参照）。吉祥院小嶋村の場合も、村人は皮革関係の仕事や農耕の傍ら都の治安を司る検非違使の配下として行刑などに関わっていたとみられます。

これら両村は、近世に西国道が整備された際、その京都への出入り口近くに、桂川を挟む二つの「穢多村」として改めて位置付けられた（図4-1のh、i）と思われます。

京都への出入り口近くに被差別集落が置かれた事例は、他にも挙げることができます。元々今の四条新京極付近にあった河原者の村・天部は、豊臣秀吉政権による京都大改造に際し、寺院の用地になるとして移転を命じられ、現在の位置（三条鴨東）に周囲を掘割に囲まれた穢多村として再配置されました。この位置は、蹴上方面から三条大橋に向かう東海道の、京都への出入り口を意識したものであることは間違いないでしょう（図4-1のa→A）。

また、鷹ヶ峯から南下して京都市中に入る長坂街道と、一五九一（天正一九）年に築かれた京都惣構えとしての御土居に挟まれた地に位置する蓮台野村も、同じような立地といえます。この村は、一六七九（延宝七）年の

「洛中洛外大絵図」に「穢多村」と記されていて、この時点では既にあったことが分かりますが、起源はそれほど古くはないようです。一七〇八（宝永五）年には、五〇〇メートルほど南の船岡山西麓にあった「清目」起源の野口村が蓮台野村に統合され、[1]（図4－1のe→E）長坂街道の京都市街への出入り口近くにある穢多村として位置付けられました。

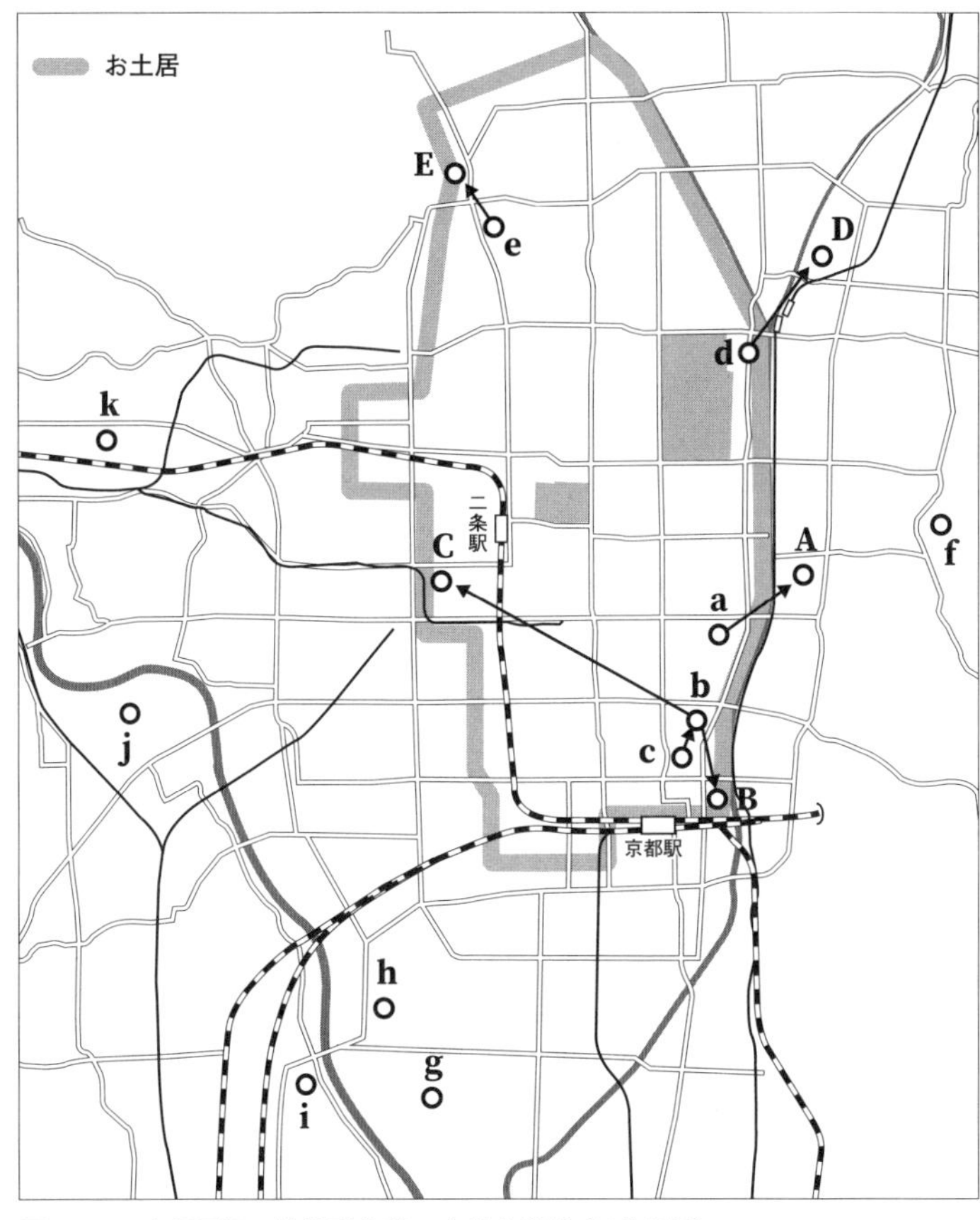

図4－1　京都周辺の被差別集落の立地と移動（近世前期）

　さらに、元は鴨川の五条から六条の河原地にあった清目の村・六条村は、一七〇七（宝永四）年に当時柳原庄と呼ばれていた御土居の外側で高瀬川に沿う一画に移転させられました（図4－1のb→B）。この地を開発したいという業者の申し出を受けて、六条村の土地の領主である門跡寺院・妙法院が、京都奉行所に村の移転を要請したのです。

　また元六条村近くに皮細工師たちが住んでいた小村・北小路村も、東本願寺門主の別邸（現枳殻邸・渉成園）設置に伴い、一六四一（寛永一九）年に河原町松原南に、さらに一六七〇（寛文一〇）年に三条西土手（御土居際）に移されました（図4－1のc→b→C）。

もう一つ。かつて鴨川と高野川合流点の西付近にあり、造園技術を持っていた山水（せんずい）河原者も住んでいた川崎村は、天正年間に高野川の東岸に移転しています（図4－1のd→D）。

このように見てくると、中世末に京都周辺に既にあった被差別民の居住地は、近世になるとさらに周縁部に遠心的に移動させられたことが分かります。

一五九一（天正一九）年に造られた御土居は、洛中と洛外の境界を明示する地物となったため、以後移転した被差別集落は「御土居際（ぎわ）」という共通の立地を持つことになりました（蓮台野村・北小路村は御土居の内側際、六条村は外側際）。

吉祥院と久世の場合は、元々京都周縁部に位置するため、被差別集落が移転することはありませんでしたが、京都全体でみれば、近世初に中心部に近い被差別地域が周縁部に向けて移動したことによって、身分的周縁者（被差別身分の人たち）の居住地は、地理的にも京都周縁部に位置することになったといえます。

二、癒し、再生の場としての周縁

次に、下久世・殿城にあった大日堂に、京都から精神を病んだ人たちが寄留していたことの意味を考えてみたいと思います。

現在残されている久世大日堂に関する数少ない史料の一つである「癲狂院一件」によれば、大日堂には精神を病んだ人たちだけではなく「放蕩無頼」の人たちも寄留していました（一五五ページ参照）。

京都市中での暮らしの中で、精神に変調を来した人たちと、生活が荒れて通常の社会生活ができなくなった人たちが共同生活をしていたのです。

彼らが久世大日堂にたどり着き、そこがとりあえずの住処になっていたのは、まず第一にはそこが彼らを忌避せずに受け入れてくれる居場所になっていたからでしょう。京都市中では排除されがちな彼らにとって、京都坤境界の一角にあった小さなお堂がアジールになっていたのです。

近世から近代初にかけて、精神障害者は家庭や地域で「手に余る」存在とみられると、座敷牢のような所に閉じ込められるか[2]、京都であれば北郊・艮境界の岩倉（大運院）か、西南郊・坤境界の久世大日堂に逗留（転地療養）するしかありませんでした。勿論、後者（転地）の方が、人間らしい処遇を受けられたことは言うまでもありません。

彼らの中には、もう一度京都に戻って生活をしたい、つまり社会復帰したいという願いを持っていた人もいたでしょう。「放蕩無頼」の挙句にここにきた人たちは、おそらくその多くがやり直したいという復帰願望を持っていたのではないでしょうか。つまり、久世大日堂は、社会復帰に向けて心身を休める癒しの場という性格も持つ場だったと思います。

このような社会復帰に向けての癒しの場が成立するための地理的な環境に関して、田崎（二〇〇五）は次のように述べています[3]。

> 一定の隔たりをおき、京都のストレスからは解放されながらも、その隔たりの故に、かえって京都という都市をわがものとして意識することができる。このような場所こそが精神を患った人々には必要であったのだろう。

そして、岩倉については、

鞍馬口から八キロメートルの距離にかかわらず、松ヶ崎のなだらかな丘が横たわるのみで、逆に岩倉からこの松ヶ崎の丘を裏側から眺めることによって、京都を強く意識しうるのであろう。

久世については、

久世は、岩倉にとっての松ヶ崎の丘のように、桂川を隔てでありながら結びつけの要素と見なすことで、京都のまちとの関係を逆に明示しえたとも考えられる。（略）こうした境界性こそが、久世の大日堂に、多くの精神障害者を集めた一因でもあったと考えられる。

私は、田崎のこのような捉え方に基本的に同感ですが、「境界性」の内実としては、精神を病んだ人や「放蕩無頼」の人たちが、自己を捉え返し心身を休めるための適度な距離感だけではないような気がします。それに加え、岩倉や久世の人たちが、境界に住む人特有の奥深い受容力や優しさを持っていて、精神を病んだり生き疲れた人たちを分け隔てなく受容してくれた、という点も付け加えたいと思います。岩倉や久世の農家がこういった人たちを受け入れたのは、副収入を得るためという側面もあったことは否定できませんが、それだけの目的でできることではなかったということも、また否定できないと思うのです。

三、中心による周縁の位置付け

駒形の移動

ここでは、京都最大の祭である祇園祭で重要な役割をする駒形稚児が、近世以降久世の綾戸國中神社から来るようになったことの意味を考えてみたいと思います。

祇園会（祭）神輿渡御の際、馬上で先導する稚児が奉持する「駒形」は、元々祇園社の少将井御旅所（現在の車屋町通夷川上がる─京都新聞本社ビル東付近）にあり、駒形神人と呼ばれる下級神職が管理していました。ところが、応仁の乱による混乱で祇園会が中断されている間に、生活に困窮した駒形神人の少将井駒太夫は、駒形を質入れしてしまい、祭が再開されたとき駒形は質草として上御霊神社の巫女頭のもとにあったのです。駒太夫は、借金は完済したのに巫女が駒形を返してくれないと訴え、この訴訟は長く続きましたが、結局駒形は祇園社社家のもとに移されて混乱は一旦収束したようです（一七一ページ参照）。

その後何らかの経緯により、駒形は久世の綾戸國中神社のご神体として安置され、祇園会に際し駒形稚児が奉持して祇園社まで来るようになりました。駒形が久世に移った経緯は分かっていませんが、それはさて置き、そのことの意味について、私は祇園祭のバックグラウンドの広域化として捉えたいと思います。

祇園社の氏子圏

京都の祭といえば、上・下賀茂神社の祭礼で皇室ともつながりが深い葵祭、一八九五（明治二八）創建された平安神宮の祭である時代祭に祇園祭を加え、「京都三大祭」といわれます。また今宮神社、上・下御霊神社、北野神社、松尾大社、伏見稲荷神社の祭礼などがあります。祇園祭は、上に挙げた今宮神社以下の祭と同じ祇園社（現八坂神社）の氏子地域の祭です。

こうした氏子圏はいつ頃からあったか。川嶋將生によると、平安時代末には既にその原型があり、江戸時代の京都の行政的な内容を記した文書[4]には、ほぼ現在の各神社の氏子圏に近い区域が記されているということです[5]（図4－2参照）。

この図を見ると、祇園社（現八坂神社）の氏子圏は、四条烏丸付近を中心として京都市街地の中核部分で構成

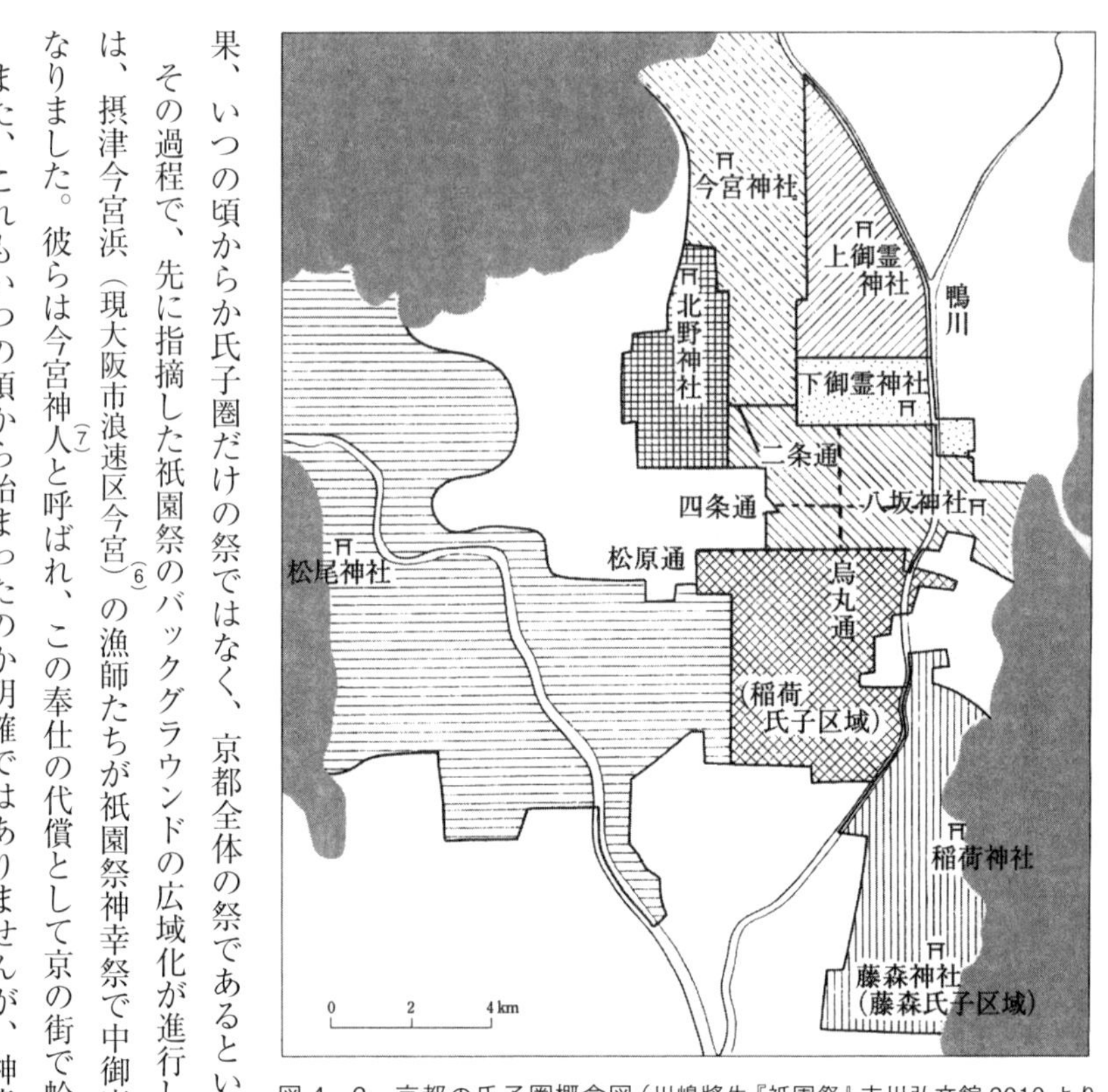

図４－２　京都の氏子圏概念図（川嶋將生『祇園祭』吉川弘文館 2010 より転載）

されていることが分かります。この中には、祇園祭に際し山鉾を出す一六（現在）の山鉾町が含まれていますが、それらが位置するのはかつて殷賑をきわめた室町呉服問屋街など、大きな商家や町家が集積している地域にあたります。また四条河原町近辺は京都随一の商店街・繁華街を形成し、祇園・先斗町・宮川町あたりは京都最大の花街です。烏丸通や一筋西の両替町通界隈には昔から金融業者が集中し、近代以降は多くの銀行が建ち並びました。祇園祭がこのような京都市街中心地の祭である結果、いつの頃からか氏子圏だけの祭ではなく、京都全体の祭であるというイメージが定着していったのです。

その過程で、先に指摘した祇園祭のバックグラウンドの広域化が進行したと思います。例えば、室町時代初めには、摂津今宮浜（現大阪市浪速区今宮）[6]の漁師たちが祇園祭神幸祭で中御座（大宮）神輿を駕輿丁として舁くようになりました。彼らは今宮神人[7]と呼ばれ、この奉仕の代償として京の街で蛤など海産物を売る特権を得ていました。また、これもいつの頃から始まったのか明確ではありませんが、神幸列を先導する人たちの中に京都近郊の

「四宿」の人たちが加わっていました。「四宿」とは、鳥羽・日ノ岡・桂・九条のことで、「宿」は「夙」とも記し、中世から近世にかけて近畿の主要道の沿道にあった集落です。またこの四宿を従えていたのが「坂」と呼ばれた清水坂の犬神人でした。神幸列は、「坂」から出る六人の「棒の者」を先頭に、「坂」以下四宿の人たちが甲冑姿で先導しました。

一六八三（天和三）年京都町奉行から、この先導列に加わる者たちが刀など武具を帯びていることに対し、これを制限する触れが出された結果、祇園社としては帯刀していた者が三六九名であったものを一八八名、鑓については八八筋であったものを五〇筋にするなどの削減案を作り、町奉行に承認されています(8)。

それにしても、先導列には削減後でもまだ多数の人たちが武具を携え甲冑姿で行進したのであり、祇園会に参加することは、近郊の四宿の人たちにとっても「ハレの場」だったのではないでしょうか。

周縁による中心の「逆定言」

駒形稚児が久世から来るようになった件も、祇園会の重要な構成要素が周縁部に遠心的に移動したと解すれば、上に記したような祭のバックグラウンドの広域化の一環として捉えることができるでしょう。

そしてバックグラウンドが単に広域化しただけではなく、周縁部は中心部を「引き立たせる」役割を付与されたといえます。つまり、中心部がそれだけ力を持ち、魅力的な存在であることを強調するポジションを、周縁部が割り当てられたということです。

山口昌男は、その著『文化と両義性』の中で次のように記しています。

> 中心的部分は、境界を、時と場所を定めて視覚化、強調し飾り立てることによって、中心を構成する秩序に対する『逆定言』を行うのである。

ここで言う「逆定言（カウンター・ステートメント）」とは、枝葉（境界）を強調することによって逆に幹（中心部）の権威を高める、というような意味でしょう。つまり、京都の坤境界である久世に祇園祭の重要な役割を振ることにより、この祭は祇園社氏子地区（中心部）が催行する京都全体の祭であることを定言（無条件の断定）化し、ひいては祇園社氏子地区こそが京都の中心かつ中核であることを内外に明示する意味を持たせたのではないでしょうか。勿論、このようなことは誰かが意図的に行ったわけでなく、当時の物事の流れの中で結果的にそうなっていたのですが、それは偶然ではなく、そのようになる有意な背景があったのではないかということです。

ただし、周縁部は中心部を引き立たせるだけでなく、祇園祭などの機会に中心部で存在感を発揮したのであり、その場は周縁部の人たちにとって「ハレの場」、自己実現の機会でもありました。中心と周縁の関係は、一方的なものではなく、相互の緊張関係を伴うものであったことは、一七六二（宝暦一二）年の衝突事件（一七三～一七六ページ参照）等の際にも顕在化していました。

周縁部のあり方やその変化は、中心部の変容の一要因ともなり、両者の関係はダイナミックな相互関係であるといえます。

四、都市・京都の中心と周縁

京都という大都市が、大きく衰退することなく千有余年に亘り持続してきたのは、その時々の時代的要請に応じて、都市の構造をフレキシブルに更新してきたからこそ可能であったと思います。中世末の戦乱期には、京都は上京と下京の二市街地に分かれていましたが、それぞれが街を自衛するのが最優先であり、市街周辺には土塁や濠が巡らされていました。

写真４－１は、二〇一六（平成二八）年、京都府庁北側（新町通下長者町西）の府警本部新築工事に先立つ発掘

写真４－１　発掘された上京を取り囲んでいた濠跡（２０１６年 11 月 19 日現地説明会）

調査（京都府埋蔵文化財調査研究センターによる）の際検出された東西に続く濠跡です。この濠の深さは約三・五メートル、幅は約五メートルもあり、水を湛えていた時には上京の街と外部とを厳しく分かっていたのです。

この時点では外敵の侵入を防ぐのが第一義的であり、街が外に向かって拡大することは想定されていませんでした。

この状況は下京についても同じで、図４-３によると、それぞれ濠や土塁で周囲を囲まれた上・下京の市街地は、室町通の両側の細長い街並みで辛うじて結ばれているだけでした。

しかし、その後織田信長が入京し、後継者の豊臣秀吉が全国統一を果たしたことによって、京都は首都として大規模な改造が行われました。豊臣政権は、天正一九（一五九一）年「京都惣構え」としての御土居を構築しましたが、以後これは洛中と洛外を分かつ可視的な境界として重要な役割を果たしました。

ただし、御土居内がすべて都市的な地域だったかというと、そうではなく、特に北部・西部は近郊の小集落や農地・未開発地などもかなり広範囲に取り込まれていました。つまり、「惣構え」としての御土居は、中世の「構え」から大きく性格が転換し、近郊部分も取り込んだ都市・京都の外郭として築造されたといえます[9]。

御土居築造によって囲い込まれた「洛内」の機能分化という観点からいえば、内裏と聚楽第を中核とし、上・下京の町家街はその城下町、東部と北部に細長く作られた寺町と寺之内（寺院街）は、いざという時それらの防衛線とする役割を持たせたとみられます。

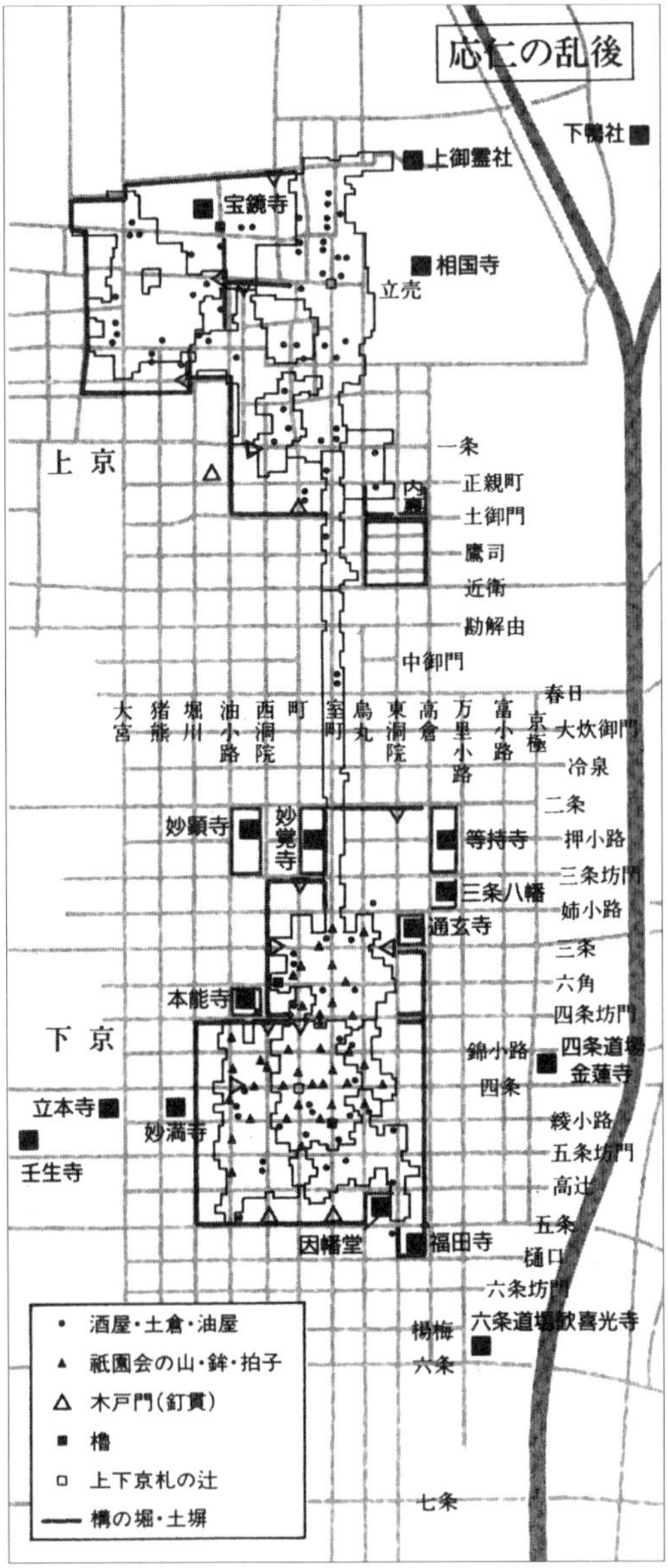

このように捉えると、最外郭の御土居に付与された役割のうち、洛中全体の警固という機能は、やはり重要なものだったといえるでしょう。それは同時に、御土居内は首都として治安を確立する、という意思表明でもあったといえます。

このことと、被差別集落のいくつかが御土居際に配置された件（一八四〜一八六ページ参照）は関連があると思います。例えば、元六条河原の近くにあった北小路村が、一六七〇（寛文一〇）年に御土居西土手（現在の西大路三条付近）移転させられた件は前に記しましたが、住民はそこに新設された刑場で刑吏として使役されました。

また、古代末以来の「穢れ」概念の延長線上に、「穢れ」を引き受ける被差別民の集落を京都への出入り口に

図４－３　応仁の乱後の京都（高橋康夫『海の「京都」日本琉球都市史研究』京都大学学術出版会 2015 より転載）

配置するという位置付けもあったかもしれません。このことは、京都近郊の主要街道沿いに被差別集落が立地していたことの理由としても有効ではないでしょうか。

先に記した祇園会神輿渡御の先導列に加わった「四宿」の人たちも、当時は被差別身分とされていました。宿（夙）の民は、中世の非人身分が分解する際に生じ、近世被差別部落の主要な起源となった「かわた」より

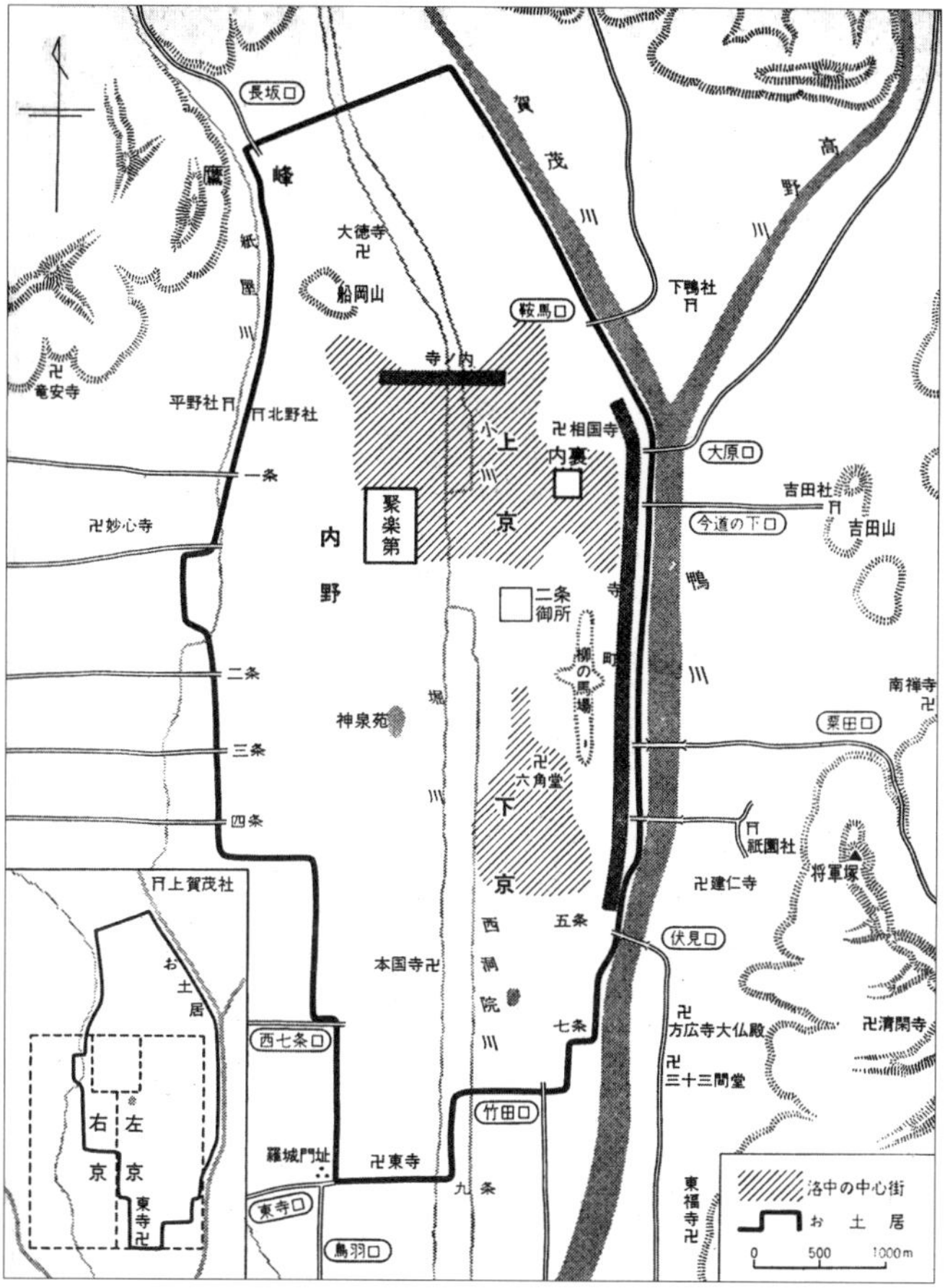

図４－４　御土居に囲まれた近世京都（京都市編『京都の歴史４　桃山の開花』1979 より転載）

も下位と見られながら、差別は通婚などに限られてそれほど強烈ではなかったともいわれますが、その実態は多様であり、詳細については分からない点が多々あるようです。

いずれにしても、穢多村や非人小屋、宿など当時の被差別集落が、京都とその外部との境界地域に配されていたことは、近世京都の都市構造を考える際、重要なポイントの一つになると思います。

五、おわりに

坤境界の変容

桂川の中・下流、その両岸地帯を「京の坤境界」と名付け、歴史と現在を見てきました。

この間桂川の流路は大きくは変わっていないため、坤境界の地理的位置はあまり変動していませんが、境界としての意味は時代とともに変遷してきたと思います。

古代、平安京遷都以前は、五世紀頃から京都盆地に入ったといわれる渡来人系の秦氏により桂川中下流域の開発が主導されました。秦氏の人たちは海を渡ってきたのであり、桂川のような水路は大して苦にせず両岸を行き来していたものか、七〇一（大宝元）年の国郡里制による山背国葛野郡は、桂川の両岸に跨っていました。左右両岸には秦氏の別々の支族が住んでいたのかもしれませんが、それにしても秦氏に関わる遺跡・遺構は両岸に分布しており、当時桂川は「隔てる」より「結ぶ」機能が優越していたのではないでしょうか。また秦氏が持っていた治・利水技術により、桂川には要所に堤防が築かれ、灌漑水路網が両岸に巡らされていきました。

七九四（延暦一三）年、桓武天皇は長岡京から平安京に遷都し、桂川沿いの地は都の「坤境界」となりました。平安京域は京都盆地の北部に設定されたため、盆地の西＝南部に広がる桂川沿岸の平野部は都の後背地となり、既に設定されていた条里地割による営農地という位置付けになりました。

そこには中世にかけて農業集落とその営農単位（字―あざ）ができていきましたが、それらは都の皇・貴族や有力寺社の領地＝荘園として編成されていきました。また嵐山を中心に多数の別業（別荘）が営まれ「都の近郊で景勝を愛でる地」という地域像の原型ができ、それは後世に引き継がれました。

一方、荘園の農民たちは桂川からの取水のため井堰・水路を新設・再編等する中で村々の利害が対立し、抗争・訴訟が繰り返されました。しかし、近世になると水をめぐる利害は調整され安定に向かった結果「桂川沿いの村」という同質性が形成され、渡しを両岸の数ヶ村が共同で運航するなど、協調関係ができていきました。

また、桂川が嵐山の下流で東流から南流に屈曲する右岸の滑走斜面側に拡がる広大かつ肥沃な沖積平野（堤外地を含む）では、京都を市場とする蔬菜・綿・茶などの商品作物が栽培され、近郊農村化が進みました。近代になって主要河川の堤外地が、洪水の放流路機能が優先されるようになってからも、桂川では堤外農地の多くが残され、現在に至っています。

近年、河川法でも治・利水以外に「河川環境（水質、景観、生態系等）の整備と保全」が河川行政の目的であると謳われ、河川敷を市民の親水空間として活用する取り組みが進んでいます。桂川右岸提外に拡がる広大な農地は桂川特有の景観であり、その中に京奈和自転車道が通されることによって、桂川の自然や人と桂川との関わりの歴史に触れながらサイクリングや散策ができるようになっています。

このように、桂川を中心とする「京の坤境界」が持つ意味は、時代とともに変転してきたし、これからも変わっていくだろうと思います。

坤境界の特性

日本では、艮（うしとら―北東）方向を「鬼門」、その対角にあたる坤（ひつじさる―南西）方向を「裏鬼門」として、「鬼が出入りする不吉な方角」とみる習俗があります。

元は中国からの伝来でしょうが、平安時代以降陰陽師たちが方角の吉凶を云々したり、神仏習合の影響を受けたりした結果、日本独特のものとして貴族たちの間に広まり、後に一般民衆にも共有されたとみられます。

平安京の艮方向にある比叡山延暦寺は、都の鬼門を鎮めるため創建されたとよくいわれますが、同寺は七八八（延暦七）年、平安遷都以前の開基であり、「都の鬼門鎮め」は後付けで言い出されたものです。坤方向にも、石清水八幡宮・長岡天満宮・蔵王堂光福寺など古い寺社には「京の裏鬼門を守護する」との創建の謂れが語られることがありますが、これらも後世になってからの言説である可能性が高いと思います。[10]

写真４－２　京都御所築地塀北東隅の「角欠け」

そして、京の都に住む庶民が鬼門云々を意識し出したのはそう古いこととは思えません。なぜなら、中世末には応仁・文明の乱などの戦乱のため鬼門どころの騒ぎではなく、街自体がほぼ灰燼に帰してしまったからです。

近世になって豊臣秀吉政権が京の街を大改造し、縦横碁盤目状の街並みを整備したことによって、各家敷地の「鬼門＝北東角」が分かりやすくなりました。その結果、各家の鬼門に小さな区画を作ってそこに玉砂利を敷いたり、南天の樹を植えたり[11]（「難を転じる」という語呂合わせ）また北東隅を「角欠け」にしてそこに地蔵の祠を置いたりする風習が広まり、それは現在でも続いています。藤野（二〇一六）によると、京都中心部「田の字地区」[12]での現地調査の結果、合計一〇九八件もの鬼門除け造作が確認されたそうです。[13]

「角欠け」については、京都御所築地塀の北東隅が内側に向かって凹んだ作りになっているのが鬼門除けとして有名になり、近世以来それが京の街にも拡がったのではないかと思われます。

坤方角の「裏鬼門」については、御所の築地塀・南西隅には何の造作もされておらず、京の街中でも鬼門のような「除け」の区画・造作などは、南西角にはほぼないといってよいと思います。

また坤境界に住む人たちが、自分たちの居住地を京都の裏鬼門として意識し、そのことが生活意識や行動に結びつくような事象は、史料や聞き取りの中では確認できませんでした。

したがって、坤境界が京都の裏鬼門にあたるという点については、特記するような有意性を認めることができません。

それはさておき、坤境界の「京都の坂＝境界」としての特徴を明らかにするため、私が前著（『京都の坂』）で取り上げた四つの坂（清水坂、長坂、狐坂－岩倉、逢坂－山科）に坤境界を加えた五つの坂（境界）について、「坂」に付与されることがある四つの特性（被差別集落の立地、在日朝鮮人の集住、精神障害者の寄留、中心部の逆定言）の有無をまとめたのが下の「京都の坂対比表」です。

【京都の坂　対比表】

坂（境界）	被差別集落※1	在日朝鮮人集住	精神障害者寄留	中心部の逆定言
1. 清水坂	△※2	✖	✖	△※8
2. 狐坂（岩倉）	△※3	✖	○※6	✖
3. 長坂	○	○	✖	✖
4. 逢坂（山科）	○	✖	✖	△※9
5. 坤境界	○※4	○※5	△※7	○※10

※1：○は、同和対策事業の対象になった集落の立地を示す。
※2：中世初～近世被差別身分だった「坂の者」が集住し、癩者が集住する「物吉村」もあった。[14]
※3：近世に京都市中から移住したと思われる「鉢叩き」（被差別身分）の集落があった。[15]
※4：本書81～106ページおよび128～151ページ参照。
※5：本書94～96ページ参照。
※6：本書151～153ページ参照。
※7：久世大日堂への精神障害者、放蕩無頼者の寄留（本書153～161ページ参照）。
※8：「犬神人」による祇園会神幸列の先導[16]等。
※9：貴種流離譚としての「蝉丸」伝承[17]等。
※10：本書191～192ページ参照。

表の中で、○は近・現代にもその特性が存続、△は近世以前（近代初を含む）にその特性が存在、✖はその特性は顕著には存在しない（この評価は調査に基づく私見による）という意味です。これによると、坤境界は四つの特性のすべてが何らかの形で存在しており、京都の坂＝境界の中でも最も境界らしい境界といえるかもしれません。

そして、坤境界と京都中心部との関係は、中心部主導の一方的なものではなく、坤境界側からのリアクションというか、中心部の思うがままにはならないという「反作用」もあったと思います。一七六二（宝暦一二）年の祇園祭でのトラブルのことは前に触れましたが、似たようなことは他にもあって、その都度両者の関係性が更新されてきました。例えば、精神障害者が寄留していた久世大日堂は、近世を通じて本山聖護院と末寺・定泉院の傘下にありましたが、明治維新後の廃仏毀釈を背景として、大日堂に隣接する地元有力農家・長岡家が動き、その結果同家に経営権が移った件（一五二ページ参照）もその事例として挙げられるのではないでしょうか。

このような周縁（坂）と中心部との関係は、他の坂についても同様であり、都市・京都の変貌は中心部だけで進んできたのではなくて、周縁部との相互作用も大きな要因になっているといえます。したがって、京都について見ていくとき、その視野が中心部に限られるのであれば、リアルな京都の姿・全体像は見えてこないと思います。

周縁部＝坂に視点を置く、あるいは視野に入れることによって、千有余年の歴史を秘めた大都市・京都の姿が、漸く朧げに見え始めるのではないでしょうか。その「京都の姿・全体像」がどのようなものなのか、私はもう少し探究を続けたいと思います。

【注】

（1）野口村の年寄で「穢多」身分の有力者だった甚右衛門が死去した後、京都町奉行が住民に蓮台野村への移住を命じた。

（2）呉秀三・樫田五郎『精神病者私宅監置の実況』医学書院二〇一二。
（3）田崎裕生「京都という都市の境界と精神医療施設の立地についての一考察」（『大阪成蹊大学芸術学部紀要一』二〇〇五）。
（4）「京都御役所向大概覚書五」一七一七（享保二）年。
（5）川嶋将生『祇園祭―祝祭の京都』吉川弘文館二〇一〇、一一～一三ページ。
（6）現在は内陸になっているが、当時はこのあたりが大阪湾の海岸線だった。
（7）九一一年に今宮浜が禁裏御厨に指定され、地元漁師は御厨子所供御人となった。
（8）川嶋二〇一〇、五九ページ。
（9）福島克彦「『惣構』の展開と御土居」（仁木宏編『都市―前近代都市論の射程』青木書店二〇〇二所収）。
（10）この年に最澄が一乗止観堂（現在の根本中堂）を開いた。
（11）鬼が嫌うというヒイラギの樹も植えられる。
（12）北は御池通、南は五条通、東は河原町通、西は堀川通に囲われた区画。
（13）藤野正弘「『鬼門除け』に見られる京都の魔除け習俗の研究―『田の字地区』実地調査を事例として」（『京都産業大学日本文化研究所紀要』第二一号二〇一六年三月）。
（14）中西宏次『京都の坂―洛中と洛外の「境界」をめぐる』明石書店二〇一六、三三～三五ページ。
（15）中西宏次「近世岩倉の茶筌師村」（『京都精華大学紀要第四二号』二〇一三・三所収）。
（16）中西二〇一六、四二～四五ページ。
（17）同前。五九～六六ページ。

あとがき

前著『京都の坂―洛中と洛外の「境界」をめぐる』（明石書店）は二〇一六年一〇月刊ですが、刊行後しばらくすると、「まだ書き残した坂がある」との思いがわき上がってきました。

前著で取り扱った四つの坂は、いずれも京都盆地の東～北部にあり、南部～西部にもあるはずの坂＝京都と外部との境界についてはまったく触れることができていませんでした。

京都盆地の東部～北部は山際まで市街地が迫っており、市街地から山に入っていく道は坂道になっているので「坂」の所在は分かりやすいのです。しかし、南～西部は平地が広がっているので、どこまでが京都の内部であり、どこからが外部で、その境界はどのあたりにあるのか、つまり「平坦な坂」をどこに設定すればいいのかが、まず難題でした。

この場合、手掛かりになるのは桂川です。桂川は京都盆地の西端で保津峡から出て、盆地の中を東南流するので、盆地の東部～北部の山麓線を延長するような形で京都中心部の外郭線の一部となります。そこで、桂川の線を一応の目途としてフィールドワークを始めました。二〇一八年の春頃からだったと思います。

まず歩いたのは右岸側の久世でした。洛北の岩倉と並んで、精神障害者を受け入れていた久世大日堂のことは知っていたので、その跡を訪ね聞き取りをしたのですが、現地でもほとんど忘れ去られていることに少し驚きました。また、久世駒形稚児についても前から興味を持っていたので、綾戸國中神社を訪ねて宮司さんにお話を伺ったり史料収集を始めました。

以後、桂川対岸の吉祥院を歩き始め、そこでは西ノ茶屋日向地蔵との出会いがありました。こちらはあまり知られた存在ではないのですが、地元・西ノ茶屋町の人たちに話を聞く中で、西国街道の京都への出入り口（境界）に立てられた地蔵さんとして興味深い歴史があることが分かりました。

このあたりから、「桂川とその両岸」という帯状の境界＝京の坤境界という設定は十分有意なものだという確信が持てるようになり、吉祥院と久世でのフィールドワークと聞き取りを進めていたのですが、手際があまり良くなくて手間取るうちに、二〇二〇年からコロナ禍が始まってしまいました。これによって、外出さえ思いのままにならず、それを口実？に怠け心も出たりして、作業は遅々として進まなくなってしまいました。

この沈滞から何とか抜け出すことができたのは、坤境界を構成する桂川について改めて調べ始めたことからでした。元々桂川自体についてはそれほど重きを置いていなかったのですが、調べ始めるとたいへん奥が深く、いくらでも勉強する材料が出てきました。

これによって、第一章を桂川とし、第二・第三章でその両岸の吉祥院と久世を見ていくという本書の構成が確定しました。久世でのフィールドワークを始めてからおよそ五年の歳月が過ぎましたが、ようやく一冊の本として世に出すことができるのは有難いことです。

筆者としては、前著『京都の坂』の続編のつもりなので、未読の方は前著とあわせて読んでいただければ、理解も深まるのではないかと思います。

最後に、資料を提供して下さったり、聞き取り調査にご協力いただいた多くの皆さま、出版を引き受けていただいた明石書店の大江道雅社長、担当の森富士夫さんに厚くお礼申し上げます。

二〇二三年一二月一日

著者　中西宏次

〈著者紹介〉

中西宏次（なかにし　ひろつぐ）

一九四六年八月、京都西陣の聚楽第東堀跡に生まれ、育つ。一九七一年から二〇〇七年まで大阪府立高校教員（社会科、地歴公民科）、二〇〇九年から二〇一四年まで京都精華大学人文学部特任教授。二〇一四年から二〇二〇年同大学特別研究員、非常勤講師。現在は京都民衆史研究所・代表。

著書

『聚楽第・梅雨の井物語』（阿吽社、一九九九年）『戦争のなかの京都』（岩波ジュニア新書、二〇〇九年）『京都の坂―洛中と洛外の「境界」をめぐる』（明石書店、二〇一六年）

共著書

『学校のことば・教師のことば』（一九九四年、東方出版）『学校のモノ語り』（二〇〇〇年、東方出版）『学校の境界』（二〇〇三年、阿吽社）『むかし学校は豊かだった』（二〇〇九年、阿吽社）『マンガで読み解くマンガ教育』（二〇一四年、阿吽社）『小さな地域と小さな学校』（二〇二〇年、明石書店）など

京の坤（ひつじさる）境界

――桂川が流れる〈平坦な坂〉をめぐる

二〇二四年一月一〇日　初版第一刷発行

著者　中西宏次
発行者　大江道雅
発行所　株式会社 明石書店
〒一〇一-〇〇二一　東京都千代田区外神田六-九-五
電話　（〇三）五八一八-一一七一
FAX　（〇三）五八一八-一一七四
振替　〇〇一〇〇-七-二四五〇五
https://www.akashi.co.jp

装丁　上野かおる
印刷　株式会社文化カラー印刷
製本　協栄製本株式会社

ISBN978-4-7503-5692-1

（定価はカバーに表示してあります）

京都の坂 洛中と洛外の「境界」をめぐる
中西宏次
◉2200円

鎌倉古寺霊園物語 時代を彩った文芸、映画、政治・外交の巨人たち
立元幸治
◉2600円

東京青山霊園物語 「維新の元勲」から「女工哀史」まで人と時代が紡ぐ三十組の物語
立元幸治
◉2600円

東京多磨霊園物語 時代を彩ったあの人びとに出会う
立元幸治
◉2600円

明治・大正・昭和 絵葉書地図コレクション 地図に刻まれた近代日本
鈴木純子
◉2700円

古写真に見る幕末明治の長崎
姫野順一
◉2000円

F・ベアト写真集1 幕末日本の風景と人びと
横浜開港資料館編
◉2200円

F・ベアト写真集2 外国人カメラマンが撮った幕末日本
横浜開港資料館編
◉2200円

四季のない京都1978
時岡洋一
◉1500円

漫画に描かれた日本帝国 「韓国併合」とアジア認識
韓 相一、韓 程善著 神谷丹路訳
◉3800円

アホウドリと「帝国」日本の拡大 南洋の島々への進出から侵略へ
平岡昭利
◉6000円

「青年歌集」と日本のうたごえ運動 60年安保から脱原発まで
山田和秋
◉1800円

近代大阪の部落と寄せ場 都市の周縁社会史
吉村智博
◉6800円

司馬遼太郎と網野善彦 「この国のかたち」を求めて
川原崎剛雄
◉2000円

沖縄戦と琉球泡盛 百年古酒の誓い
上野敏彦
◉2500円

横浜ヤンキー 日本・ドイツ・アメリカの狭間に生きたヘルム一族の150年
レスリー・ヘルム著 村上由見子訳
◉2600円

〈価格は本体価格です〉